实验实践类与创新创业类系列教材

# 政府采购案例

主编 宋丽颖

### 图书在版编目(CIP)数据

政府采购案例 / 宋丽颖主编. —— 西安：西安交通大学出版社，2022.4(2025.1重印)
ISBN 978-7-5693-2348-1

Ⅰ.①政… Ⅱ.①宋… Ⅲ.①政府采购制度-案例-汇编-中国 Ⅳ.①F812.2

中国版本图书馆 CIP 数据核字(2021)第 228376 号

| | |
|---|---|
| 书　　名 | 政府采购案例<br>ZHENGFU CAIGOU ANLI |
| 主　　编 | 宋丽颖 |
| 责任编辑 | 魏照民 |
| 责任校对 | 郭　剑 |
| 装帧设计 | 伍　胜 |
| 出版发行 | 西安交通大学出版社<br>(西安市兴庆南路 1 号　邮政编码 710048) |
| 网　　址 | http://www.xjtupress.com |
| 电　　话 | (029)82668357　82667874(市场营销中心)<br>(029)82668315(总编办) |
| 传　　真 | (029)82668280 |
| 印　　刷 | 西安日报社印务中心 |
| 开　　本 | 720mm×1000mm　1/16　印张 13　字数 250 千字 |
| 版次印次 | 2022 年 4 月第 1 版　2025 年 1 月第 2 次印刷 |
| 书　　号 | ISBN 978-7-5693-2348-1 |
| 定　　价 | 39.80 元 |

如发现印装质量问题，请与本社市场营销中心联系。
订购热线：(029)82665248　(029)82667874
投稿热线：(029)82668133
读者信箱：897899804@qq.com

**版权所有　侵权必究**

# 序　言

党的十九大报告指出,新时代全面推进依法治国的总目标是建设中国特色社会主义法治体系、建设社会主义法治国家。全面依法治国是中国特色社会主义的本质要求和重要保障,必须坚持厉行法治,推进科学立法、严格执法、公正司法、全民守法,努力让人民群众在每一个司法案件中感受到公平正义。政府采购是指国家各级政府为从事日常政务活动或为了满足公共服务的目的,利用国家财政性资金和政府借款购买货物、工程和服务的行为。政府采购不仅是指具体的采购过程,而且是采购政策、采购程序、采购过程及采购管理的总称。完善、合理的政府采购对有效利用社会资源、提高财政资金的利用效果具有重要的积极作用,因而是财政支出管理的一个重要环节。将政府采购行为法制化是市场经济国家强化财政支出管理、增强国家治理能力的通行做法。市场经济下的政府采购,以维护产权、促进平等和保护自由的市场制度为宗旨,这些都是建立在科学立法、严格执法基础之上的。在我国政府采购制度建立和完善过程中,伴随执法的逐步规范,涌现出大量案例,总结、归纳这些案例对丰富教学具有重要作用。

案例教学法由来已久,它可以将知识传授和能力培养有机结合,是被理论和实践证明行之有效的教学方法。结合政府采购教学积累的经验和国内外各学科案例教学成功实践的启发,我们在教学过程中尝试将案例教学法运用于本科生政府采购管理课程教学中,取得了良好的教学效果,从而激发了我们编写政府采购案例教材的想法。为此,在 2019 年,我们申请了西安交通大学本科实验实践类与创新创业类教材建设项目,并得以立项,从而完成了这本教材的编写。

本教材内容涉及面广,除了收集经典案例,还在搜集原始资料基础上编写了不少案例。本教材适用范围广,既可以作为实践中从事政府采购管理和参与政府采购工作的人员的培训教材,也可以作为高校经济类学科教学辅助教材。

本教材由西安交通大学经济与金融学院宋丽颖教授设计编写方案,拟订提纲,并组织具体编写工作。参与教材编写人员的分工为:第一章和第二章由西安交通大学经济与金融学院宋丽颖教授编写;第三章和第四章由西安交通大学马克思主义学院刘源副教授编写;第五章和第六章由西安交通大学经济与金融学院王爱琴讲师编写;第七章和第八章由湖南大学经济与贸易学院唐明副教授编写。另外,西安交通大学经济与金融学院硕士研究生刘艳红和龚思淼参与了本教材的资料收集和校对工作。

本教材在编写过程中得到了陕西省西咸新区沣西新城审计局陈航和何辉两位同志的支持,同时参考了大量相关资料和最新研究成果,在此对相关部门和有关作者表示衷心的感谢!

本教材得到西安交通大学实践教学中心(工程坊)基金资助,并得到西安交通大学出版社的大力支持,在此一并表示衷心感谢!

由于编者水平有限,时间紧迫,书中定会存在疏漏和不足之处,恳请读者不吝赐教。

2021 年 4 月
编者于西安交通大学

# 目 录

## 第一章 政府采购招标管理案例 (1)
- 案例一 江苏省某公司综合办公楼工程施工招标 (1)
- 案例二 投标文件制作机器码一致能视为串标吗？ (5)
- 案例三 供应商价格竞争 (11)
- 案例四 资格性条款与歧视性条款争议 (14)
- 案例五 供应商之间有关联关系能认定是串通投标吗？ (17)
- 案例六 采购项目的法律适用性 (20)
- 案例七 采购人自行改变中标候选人 (24)
- 案例八 政府采购第一案 (27)

## 第二章 政府采购供应商管理案例 (32)
- 案例一 供应商串通投标 (32)
- 案例二 供应商标书内容粘贴错误 (36)
- 案例三 供应商补交检测报告 (40)
- 案例四 供应商提供的虚假材料不影响评标结果 (44)
- 案例五 "唯一"的供应商 (46)
- 案例六 供应商中标后放弃中标资格 (50)
- 案例七 投标供应商投标产品品牌相同 (54)
- 案例八 供应商参与前期论证和提供咨询服务参加投标 (58)

## 第三章 政府采购代理机构管理案例 (63)
- 案例一 某县教学及生活用房改造工程施工采购 (63)
- 案例二 某大赛赛事服务项目采购 (65)
- 案例三 某研究院设备采购及安装项目 (68)
- 案例四 某办公楼装修改造工程采购 (71)

案例五　某供应站维修改造采购 …………………………………… (73)
　　案例六　某高校学生公寓物业管理服务采购 ………………………… (76)
　　案例七　某单位 IT 设备采购 …………………………………………… (78)
　　案例八　某中学预对学校室外管网进行改造采购工程 ……………… (81)

第四章　政府采购合同管理案例 …………………………………………… (84)
　　案例一　补充协议内容违背合同实质性条款 ………………………… (84)
　　案例二　合同签订时效性 ……………………………………………… (86)
　　案例三　合同签订与履行程序 ………………………………………… (88)
　　案例四　补充合同规模 ………………………………………………… (92)
　　案例五　施工合同违法转包 …………………………………………… (94)
　　案例六　终止履行政府采购合同行政处罚 …………………………… (96)
　　案例七　合同产生争议以不利于模板提供方的解释为准 …………… (100)
　　案例八　财政部门撤销政府采购合同 ………………………………… (102)

第五章　政府采购验收管理案例 …………………………………………… (105)
　　案例一　履约验收的样品争议 ………………………………………… (105)
　　案例二　履约验收方式创新 …………………………………………… (107)
　　案例三　询价采购履约验收不顺利 …………………………………… (109)
　　案例四　履约验收不畅 ………………………………………………… (112)
　　案例五　中标后的再次检测 …………………………………………… (115)
　　案例六　验收时发现所购非所需 ……………………………………… (117)
　　案例七　评审与验收双失误 …………………………………………… (120)
　　案例八　履约验收发现供货商以次充好 ……………………………… (122)

第六章　政府采购评审管理案例 …………………………………………… (125)
　　案例一　评审专家资格争议 …………………………………………… (125)
　　案例二　招标加分项引发争议 ………………………………………… (127)
　　案例三　评审要素争议 ………………………………………………… (131)
　　案例四　程序异议引发的重新评标 …………………………………… (133)
　　案例五　投标文件不全 ………………………………………………… (137)
　　案例六　评审委员会集体失误 ………………………………………… (141)

案例七　评审标准设置不合法 …………………………………………(145)
案例八　评标专家畸高畸低打分 ………………………………………(149)

# 第七章　政府采购监督管理案例 ……………………………………(152)
案例一　某医疗救治体系采购项目招标 ………………………………(152)
案例二　某市国土资源局工程项目竞争性谈判 ………………………(155)
案例三　某校图书采购项目招标 ………………………………………(158)
案例四　某市司法系统下属戒毒矫治所维修改造工程招标…………(161)
案例五　某单位大楼弱电智能化采购项目招标 ………………………(165)
案例六　某市经济和信息化委员会扫描仪项目询价采购 ……………(170)
案例七　某建设项目招标 ………………………………………………(175)

# 第八章　政府采购投诉管理案例 ……………………………………(179)
案例一　北京市某单位空调及电力改造项目投诉 ……………………(179)
案例二　某信息服务云平台采购项目投诉 ……………………………(181)
案例三　某省某医科大学旋转通风笼具采购项目投诉 ………………(184)
案例四　吉林省某基层医疗机构信息系统建设项目投诉……………(187)
案例五　云南省气象台气象观测与信息一体化平台项目投诉………(190)
案例六　某省某机关采购项目投诉 ……………………………………(194)
案例七　深圳市某科技有限公司设备设施采购项目投诉……………(197)

# 第一章 政府采购招标管理案例

## 案例一 江苏省某公司综合办公楼工程施工招标

### 一、案例正文

**【摘要】** 本案例以某工程施工招标为例,从政府采购管理角度,对政府采购工程招标中应注意的问题进行分析。政府采购中工程招标往往涉及金额巨大,受到投标人的普遍关注,招标过程中的行为规范,既是对政府采购招标人的基本要求,也是投标人应该严格遵守的。本案例分析可以为规范政府采购工程招标提供参考。

**【关键词】** 工程招标 投标保证金 资格审查 评标

(一) 案例背景

**1. 工程概况**

某公司综合办公楼施工工程是省公司投资新建的重点工程,工程投资估算约1000万元。2003年7月对工程投资额约500万元的土建、水电工程进行公开招标,要求投标单位资质等级为房屋建筑施工总承包二级以上,项目经理资质等级为二级以上。该工程建筑面积约5230平方米,框架6层,计划8月底开工,总工期280天。

**2. 招标投标过程**

本次招标采用公开招标的方式,由招标单位成立招标领导小组负责该工程的招投标活动。2003年7月15日,招标单位到该县招标投标管理办公室办理项目报建手续,7月17日招标单位委托该县建设工程交易中心发布了招标公告。在规定时间内,共有16家省内建筑工程公司报名参加竞标并领取了资格预审文件。截止到递交资格预审文件时,共有14家投标申请人递交了资格预审文件,后在该县纪委派驻监察和招标办监督下经招标单位成立的资格审查小组进行资格审查,共有8家投标单位符合资格预审文件要求,招标单位通知所有资格审查合格的投标单位参加竞标。7月28日,招标单位向8家资格审查合格的投标单位发售了招标文件并报该县招标办备案。2003年8月18日上午9时,招标单位在该县招标投标交易中心举行开标会议,开标后由招标单位2名代表和从省建设工程评标专家库中随机抽取的5名评标专家共7人组成评标小组,按照招标文件规定的评标方法对各投标单位的投标文件进行了评审,并按规定向招标单位推荐了3名中标候选人。在公示期间,该县招标投标管理办公室收到关于第一、第二中标候选人在投标过程中提供虚假业绩材料骗取中标的投诉。该县招标投标管理办公室接到投诉后,立即向招标单位下达了行政监督意见书,要求招标单位暂停向第一中标候选人签发中标通知书。后经该县纪委派驻监察、招标办和招标单位联合调查,投诉属实,取消第一、第二中标候选人资格,确定排名第三的中标候选人为中标人。

(二)课堂讨论

**江苏省某公司综合办公楼工程施工招标中存在哪些问题?**

该项目招标投标过程中主要存在以下三个方面的问题:

(1)招标文件中的部分条款与有关规定相违背。首先是投标保证金数额较大。该招标文件规定投标人在递交投标文件时须同时提交投标保证金18万元,违反了《中华人民共和国建设部令》第89号(以下简称"建设部令第89号")和《工程建设项目施工招标投标办法》(七部委第30号令)的有关规定:"招标人可以在招标文件中要求投标人提交投标担保。投标担保可以采用投标保函或者投标保证金的方式。投标保证金可以使用支票、银行汇票等,一般不得超过投标总价的2%,最高不得超过50万元。"其次是标底价作用过大(招标文件中规定评标标底价=0.5×综合标底价+0.5×有效投标人预算平均值),违反了省、市有关规定:"招标项目是否设置标底由招标人决定,设置标底的,标底在评标过程中只作参考,不得用标底生成评标标底。"

(2)投标人存在欺诈行为。第一、第二中标候选人在投标过程中提供虚假业绩材料,骗取评标专家的得分。招标文件中要求提供投标单位和项目经理近三年类似工程业绩。第一中标候选人在投标时,将施工过的砖混结构工程改成框架结构充当其类似工程业绩;第二中标候选人在提供项目经理业绩时,将该公司其他项目经理业绩伪造成自己业绩,以骗取评委们的得分。他们这种做法违反了招标投标法和建设部令第89号的有关规定:"投标人不得以低于其企业成本的报价竞标,不得以他人名义投标或者以其他方式弄虚作假,骗取中标。"

(3)评标过于草率。评标委员会在评标过程中,没有按照规定的标准进行评标。在对投标人业绩进行量化和评分时,按照有关法规和招标文件要求,投标单位在投标文件中应封装合同、竣工验收证明等业绩证明材料复印件,并在评标时准备好原件备查。而在评标时评委们只查看投标单位提交的业绩材料复印件,并未要求查看其业绩材料原件,就对其业绩进行量化,被第一、第二中标候选人骗取了得分。评标委员会这一做法违反了建设部令第89号及《评标委员会和评标方法暂行规定》(七部委第12号令)有关规定:"采用综合评估法的,应当对投标文件提出的工程质量、施工工期、投标价格、施工组织设计或者施工方案、投标人及项目经理业绩等,能否最大限度地满足招标文件中规定的各项要求和评价标准进行评审和比较。""在评标过程中,评标委员会发现投标人以他人的名义投标、串通投标、以行贿手段谋取中标或者以其他弄虚作假方式投标的,该投标人的投标应作废标处理。"

## 二、案例使用说明

**(一)教学目的与用途**

(1)本案例教学目的为:使学生了解政府采购工程管理的重要性、政府采购招标管理的规范要求、政府采购投标中的注意事项,以及政府采购评标中的细节要求。

(2)本案例主要适用于政府采购课程中辅助招标管理教学。

**(二)启发与思考**

(1)招标单位在编制招标文件时违反了有关规定的原因。

(2)投标单位存在的法律方面的问题。

(3)评标专家在评标中出现问题的原因。

**(三)分析思路**

本案例的分析思路为,以政府采购招标过程中相关环节的管理为切入点,重点分析工程招标中编制招标文件时应注意的细节、投标资质的法律要求和评标中的注意事项,使学生充分认识招标和投标管理的重要性及容易出现的问题。

**(四)法律依据**

(1)《中华人民共和国政府采购法》(以下简称《政府采购法》)

第五十六条  政府采购监督管理部门应当在收到投诉后三十个工作日内,对投诉事项作出处理决定,并以书面形式通知投诉人与与投诉事项有关的当事人。

第五十七条  政府采购监督管理部门在处理投诉事项期间,可以视具体情况书面通知采购人暂停采购活动,但暂停时间最长不得超过三十日。

(2)《中华人民共和国招标投标法》(以下简称《招标投标法》)

第五十四条  投标人以他人名义投标或者以其他方式弄虚作假,骗取中标的,中标无效,给招标人造成损失的,依法承担赔偿责任;构成犯罪的,依法追究刑事责任。

依法必须进行招标的项目的投标人有前款所列行为尚未构成犯罪的,处中标项目金额千分之五以上千分之十以下的罚款,对单位直接负责的主管人员和其他直接责任人员处单位罚款数额百分之五以上百分之十以下的罚款;有违法所得的,并处没收违法所得;情节严重的,取消其一年至三年内参加依法必须进行招标的项目的投标资格并予以公告,直至由工商行政管理机关吊销营业执照。

(3)《中华人民共和国建设部令》(第 89 号)

第二十七条 招标人可以在招标文件中要求投标人提交投标担保。投标担保可以采用投标保函或者投标保证金的方式。投标保证金可以使用支票、银行汇票等,一般不得超过投标总价的 2%,最高不得超过 50 万元。

第三十二条 投标人不得以低于其企业成本的报价竞标,不得以他人名义投标或者以其他方式弄虚作假,骗取中标。

第四十一条 评标可以采用综合评估法、经评审的最低投标价法或者法律法规允许的其他评标方法。

采用综合评估法的,应当对投标文件提出的工程质量、施工工期、投标价格、施工组织设计或者施工方案、投标人及项目经理业绩等,能否最大限度地满足招标文件中规定的各项要求和评价标准进行评审和比较。以评分方式进行评估的,对于各种评比奖项不得额外计分。

(4)《工程建设项目施工招标投标办法》(七部委第 30 号令)

第三十七条 招标人可以在招标文件中要求投标人提交投标保证金。投标保证金除现金外,可以是银行出具的银行保函、保兑支票、银行汇票或现金支票。

投标保证金不得超过项目估算价的百分之二,但最高不得超过八十万元人民币。投标保证金有效期应当超出投标有效期三十天。

第五十五条 招标人设有标底的,标底在评标中应当作为参考,但不得作为评标的唯一依据。

(5)《评标委员会和评标办法暂行规定》(七部委第 12 号令)

第二十条 在评标过程中,评标委员会发现投标人以他人的名义投标、串通投标、以行贿手段谋取中标或者以其他弄虚作假方式投标的,该投标人的投标应作废标处理。

(五)关键要点

了解政府采购工程招标管理的重要性,招标、投标和评标中需要注意的细节问题,相关人员在工作中容易出现的问题。

(六)课堂计划建议

(1)总结我国政府采购工程招标管理的规律。
(2)课堂讨论。

(七)案例答案建议

(1)招标单位对招投标方面的法律法规了解不够,没有委托招标代理机构办理招投标事宜,在编制招标文件时违反了有关规定。

(2)投标单位法律意识不强,在投标过程中提供虚假业绩材料骗取中标。

(3) 评标专家责任心不强,在评标过程中没有按照规定的程序和方法对投标文件进行评审和比较,被投标单位骗取了得分,给招标单位造成了一定的损失。

## 案例二 投标文件制作机器码一致能视为串标吗?

### 一、案例正文

【摘要】随着电子化的普及,文件制作电子化已成为常态。本案例通过分析投标中"文件制作机器码"一致来认定投标人串通投标是否合理,引出了招投标中的串标行为如何判断,以及采购过程中出现串通投标行为后,管理部门应该如何处理等问题的讨论。本案例为电子信息化条件下如何规范政府采购投标行为提供了参考。

【关键词】投标文件　文件制作机器码　串通投标

(一)案例背景

某采购中心组织实施的某大学书架定制公开招标项目,在评审过程中,通过评标系统清标工具发现两组四家(A 和 B、C 和 D)供应商投标文件制作机器码一致,现场评标委员会要求四家写出情况说明,四家供应商声称投标文件在打字复印部生成,并承诺不存在围标串标行为。评标委员会讨论后,认为若在打字复印部生成,确有可能性,后认定四家供应商投标文件符合要求,经综合评审打分,推荐中标候选人第一名和第三名为 A、C。

评审结束后,采购人收到该项目的匿名举报,反映 A 具有串标、失信违约、合同造假等相关行为。采购人将举报情况转达给采购中心,采购中心立即将评标系统比对结果及举报情况上报财政部门。财政部门答复,政府采购活动中,供应商的采购文件由一台电脑制作,可以视为投标人串通投标,其投标无效。

采购中心组织原评标委员会复审,原评标委员会根据财政部门答复,确定 A、B、C、D 四家供应商投标无效,并根据原综合比较与评价的评分结果重新排序,原排名第二的中标候选人排名第一。采购人确认原排名第二的中标候选人为中标人。

(二)课堂讨论

(1)投标文件制作机器码一致,视为投标人串通投标吗?

(2)采购过程中出现串通投标行为后,应重新评审、重新组织采购还是回到某个节点纠错?

问题一:目前,各地公共资源交易中心为推进电子招标投标,在评标系统中加入了雷同性分析等清标功能。通过收集制作投标文件电脑的特征信息,如 MAC 地址、硬盘号等,判断电子投标文件是否由同一台电脑制作。此项功能在工程领域已经广泛使用。

根据《中华人民共和国招标投标法实施条例》(以下简称《招标投标法实施条例》)第四十条和《政府采购货物和服务招标投标管理办法》(财政部令第 87 号)第三十七条的规定,不同投标人的投标文件由同一单位或者个人编制,视为投标人串通投标,其投标无效。若两份投标文件由同一台电脑制作,是否就能判断投标文件由同一单位编制?

对于这一点,通过查阅资料发现,有的地方出台了具体的政策规定,有的通过判例来确定。如《江苏省国有资金投资工程建设项目招标投标管理办法》第十八条、《上海市建设工程招标投标管理办法》第二十四条、《义乌市工程建设项目招标投标管理办法》第四十七条均规定,不同投标人的投标文件由同一台电脑编制或者同一台附属设备打印的,视为串通投标行为。

2019 年 2 月,湖北省住房和城乡建设厅、湖北省公共资源交易监督管理局分别因三家公司的投标文件"文件制作机器码"一致,否决其投标,并在全省范围内予以通报。

2019 年 3 月,河南省发展和改革委员会在《关于对〈关于认定投标人投标文件制作机器码一致视为串通投标行为的指示〉相关问题的批复》中明确指出,投标环节显示"投标文件制作机器码一致"预警信息的,涉嫌串通投标的投标人,如果对其是否串通投标的认定结果不影响最终中标结果的,请按规定做好中标公示;如果对其是否串通投标的认定结果可能会影响最终中标结果的,在行政监督部门做出明确认定前,应当暂停招标投标工作。招标人在招标文件中明确规定"投标文件制作机器码一致"则直接废标的,依照招标文件执行,按串通投标的认定结果不影响最终中标结果,做好中标公示。

针对不同投标人"文件制作机器码"一致问题,当地财政部门有明确规定的,从其规定。当地财政部门没有明确规定的,笔者建议,在采购文件中做出无效投标条款和串通投标条款明确约定,避免评标现场出现争议。

问题二:《政府采购法》中没有关于"重新评审"的规定及条款。"重新评审"最早出现在财政部《关于进一步规范政府采购评审工作有关问题的通知》(财库〔2012〕69 号,以下简称"69 号文")中,即:"评审结果汇总完成后,采购人、采购代理机构和评审委员会均不得修改评审结果或者要求重新评审,但资格性检查认定错误,分值汇总计算错误,分项评分超出评分标准范围,客观分评分不一致,经评审委员会一致认定评分畸高、畸低的情形除外。"《中华人民共和国政府采购法实施条例》(以下简称《政府采购法实施条例》)第四十四条规定:"除国务院财政部门规定的情形外,采购人、采购代理机构不得以任何理由组织重新评审。采购人、采购代理机构按照国务院财政部门的规定组织重新评审的,应当书面报告本级人民政府财政部门。"重新评审的情况,除"69号文"中规定外,在《政府采购货物和服务招标投标管理办法》第六十四条也有明确规定。

再来分析在哪些情况下重新开展采购活动。《政府采购法》第三十七条规定,废标后,除采购任务取消情形外,应当重新组织招标。《政府采购法》第三十六条规定了四种废标情形。《政府采购法实施条例》分别在第四十九条、第七十一条规定了重新开展采购活动的情形。

对于本案例来说,显然不符合重新评审的前置条件,《政府采购法》第三十六条第一款第(二)项和第七十七条更为适用。项目采购过程中出现影响采购公正的违法、违规行为,应做废标处理,重新组织招标。对于供应商来说,按照《政府采购法》第七十七条规定,中标、成交无效,并予以处罚。

在实践中,考虑到项目招标的成本和效率,对于出现影响采购公正的违法、违规行为,是在某个节点进行纠正还是从头开始整个招标程序,存在较大争议。在某个节点进行纠正,需要分析出现违法、违规行为的节点和原因,以及波及的后果,采取错了就改的办法重新开始某个程序,确实能够提高采购效率,也能维护其他市场主体的利益,但需要法律法规的支持。

(三)引申案例

2019年3月,安徽省铜陵市财政局发布了关于对铜陵某汽车用品销售有限责任公司行政处罚决定书,认定铜陵某汽车用品销售有限责任公司在铜陵市义安区机关事务管理局公务用车(商务车和新能源车)采购项目中串通投标,将依法对该公司做处罚。其中,认定串通投标的依据,便是不同投标人的投标文件存在异常一致。

本案例中,经调查分析发现,在铜陵市义安区机关事务管理局公务用车(商务车和新能源车)采购项目投标文件中,存在铜陵某汽车用品销售有限责任公司与铜陵某汽贸有限责任公司、铜陵某汽车销售服务有限责任公司"文件制作机器码"一致现象,不同投标人"文件制作机器码"一致即表明投标文件出自同一台电脑,由同一单位或者个人编制。因此认定铜陵某汽车用品销售有限责任公司在招标过程中存在与其他投标人串通投标的行为。

根据《政府采购法》第七十七条第一款第(三)项之规定,铜陵某汽车用品销售有限责任公司被处以采购金额(250000元)千分之五的罚款,计人民币1250元;列入不良行为记录名单,在本项目处罚决定作出之日起一年内禁止参加政府采购活动。

专家点评

### 1. 文件制作机器码一致应认定为串标

上海某项目管理咨询有限公司副总工程师张某认为,通过检查"文件制作机器码"是否一致,来判定供应商是否存在串通投标行为是合理的。本案例中的"文件制作机器码",指的是计算机的唯一编号。它是在用户注册软件的时候,根据软件所安装的计算机软硬件信息生成的唯一识别码,一般称作机器码。例如 MAC 地址,即生产厂商生产的网卡编码,对每一台电脑而言,它都是唯一的。

不同投标文件的制作机器码一致,即表明这些投标文件是在同一台电脑上制作生成的。这一情形与《政府采购货物和服务招标投标管理办法》第三十七条规定的不同投标人的投标文件由同一单位或者个人编制,即可视为串通投标的情形相似。因此,文件制作机器码一致应认定供应商串通投标。

### 2. 六种情形可直接被认定为串通投标

投标人之间串通投标,本质上是投标人之间相互约定抬高或压低投标报价,内定中标人,然后再参加投标。这样私下约定投标的行为,会有一定的异常性和规律性可寻。从这一案例可以看到,不同投标人投标文件中的"文件制作机器码"异常一致,是准确判定串通投标的关键。而除了投标文件异常一致这一特点外,采购单位还可以从以下六种情形入手,出现以下六种情况之一可直接被认定为串通投标:

(1)不同投标人的投标文件由同一单位或者个人编制;
(2)不同投标人委托同一单位或者个人办理投标事宜;
(3)不同投标人的投标文件载明的项目管理成员或者联系人员为同一人;
(4)不同投标人的投标文件异常一致或者投标报价呈规律性差异;
(5)不同投标人的投标文件相互混装;
(6)不同投标人的投标保证金从同一单位或者个人的账户转出。

不管供应商是否串标,只要一旦在投标中出现以上六种情形之一,直接就认定为串通投标,投标将被认定无效。

事实上,现实中很多串通投标的案例都是根据《政府采购货物和服务招标投标管理办法》第三十七条来认定的,因为根据《政府采购法实施条例》第七十四条规定的情形,很难认定供应商串标。

### 3. 有迹可循的串标应警惕

虽然《政府采购法》《政府采购法实施条例》等法律、条例都罗列了常见的几种串通投标情形,但由于串通投标手段相对隐蔽、多变,在实际工作中,对围标、串标的查证和认定仍是一个难点。采购单位想要有效地识破串标,务必要注意以下几点。

(1)在招标过程中,要注意检查投标文件的样式是否有相似之处。比如,检查纸质标书包装物的材质及尺寸、使用的封条颜色及样式,投标文件的装订形式、纸张情况、目录编排、文字风格等,如果这些文件形式存在异常相似或一致,那么就需要提高警惕。

(2)检查投标文件在内容上是否存在可疑之处。比如:检查文件公章的印泥颜色、盖章位置等是否异常一致;文件中有没有出现投标单位名称与单位公章的名称不一致现象;文件是否混装,出现别的企业的相关资料;投标文件报价等内容是否存在异常或规律性差异,以及是否出现相同的错误;等等。

除上述判定方法外,想要进一步减少串通投标问题的出现,还需要不断完善制度建设,加大监督监管惩治力度,这样才能更加有效地加以抑制。

## 二、案例使用说明

### (一)教学目的与用途

(1)本案例教学目的为,使学生了解政府采购招标投标管理的重要性、政府采购招标管理的规范要求、政府采购投标中注意事项,以及政府采购评标中的细节要求。

(2)本案例主要适用于政府采购课程中辅助招标投标管理教学。

### (二)启发与思考

(1)通过"文件制作机器码"一致来认定供应商串通投标合理吗?

(2)招投标中的串标行为主要有哪些表现形式?

(3)可通过哪些情形判定供应商存在串通投标行为?

### (三)分析思路

本案例的分析思路为,通过检查"文件制作机器码"是否一致,来判定供应商是否存在串通投标行为是否合理,重点分析招投标中的串标行为主要表现形式,政府采购的法律法规中应对串标行为做具体规定,使学生充分认识招标和投标管理的重要性和容易出现的问题,从而提出提高政府采购管理规范的政策建议。

### (四)法律依据

(1)《政府采购法》

第三十六条 在招标采购中,出现下列情形之一的,应予废标:

(一)符合专业条件的供应商或者对招标文件作实质响应的供应商不足三家的;

(二)出现影响采购公正的违法、违规行为的;

(三)投标人的报价均超过了采购预算,采购人不能支付的;

(四)因重大变故,采购任务取消的。

废标后,采购人应当将废标理由通知所有投标人。

第三十七条 废标后,除采购任务取消情形外,应当重新组织招标;需要采取其他方式采购的,应当在采购活动开始前获得设区的市、自治州以上人民政府采购监督管理部门或者政府有关部门批准。

(2)《政府采购法实施条例》

第七十四条 有下列情形之一的,属于恶意串通,对供应商依照政府采购法第七十七条第一款的规定追究法律责任,对采购人、采购代理机构及其工作人员依照政府采购法第七十二条的规定追究法律责任:

(一)供应商直接或者间接从采购人或者采购代理机构处获得其他供应商的相关情况并修改其投标文件或者响应文件;

(二)供应商按照采购人或者采购代理机构的授意撤换、修改投标文件或者响应文件;

(三)供应商之间协商报价、技术方案等投标文件或者响应文件的实质性内容;

(四)属于同一集团、协会、商会等组织成员的供应商按照该组织要求协同参加政府采购活动;

(五)供应商之间事先约定由某一特定供应商中标、成交;

(六)供应商之间商定部分供应商放弃参加政府采购活动或者放弃中标、成交;

(七)供应商与采购人或者采购代理机构之间、供应商相互之间,为谋求特定供应商中标、成交或者排斥其他供应商的其他串通行为。

(3)《政府采购货物和服务招标投标管理办法》(财政部令第87号)

第三十七条 有下列情形之一的,视为投标人串通投标,其投标无效:

(一)不同投标人的投标文件由同一单位或者个人编制;

(二)不同投标人委托同一单位或者个人办理投标事宜;

(三)不同投标人的投标文件载明的项目管理成员或者联系人员为同一人;

(四)不同投标人的投标文件异常一致或者投标报价呈规律性差异;

(五)不同投标人的投标文件相互混装;

(六)不同投标人的投标保证金从同一单位或者个人的账户转出。

(五)关键要点

了解政府采购货物和服务招标投标管理的重要性,招标、投标和评标中需要注意的细节问题,相关人员在工作中容易出现的问题。

(六)课堂计划建议

(1)总结我国政府采购货物和服务招标投标管理的规律。

(2)课堂讨论。

## （七）案例答案建议

(1) 文件制作机器码一致应认定为串标。

(2) 针对不同投标人"文件制作机器码"一致问题，当地财政部门有明确规定的，从其规定。当地财政部门没有明确规定的，建议在采购文件中作出无效投标条款和串通投标条款明确约定，避免评标现场出现争议。

(3) 采购过程中出现串通投标行为后，应重新评审、重新组织采购还是回到某个节点纠错，需要根据串通投标行为给招投标活动带来的影响决定。

# 案例三　供应商价格竞争

## 一、案例正文

【摘要】本案例以某政府软件开发服务项目招标为例，对政府采购招标过程中的价格竞争问题进行分析。招标采购的目的，是通过投标人间的竞争，特别是报价竞争来择优选择。供应商在政府采购中竞争日趋激烈，投标过程中价格战也愈演愈烈，供应商报价是否越低越好？本案例分析可以为政府采购招标过程中的价格规范提供参考。

【关键词】政府采购　软件系统开发　报价竞争

## （一）案例背景

某政府单位就其所需的软件系统开发项目公开招标，此项目采购预算为122万元整。至投标截止时间共有6家供应商递交了投标文件，其中A报价120万元、B报价116万元、C报价92.4万元、D报价72万元、E报价46万元、F报价5万元。投标报价如此悬殊，令开标现场一片哗然。

评审过程中，评委们就报价最低的F供应商是否涉及不正当竞争进行现场讨论。有评委认为，招标文件中明确要求在一年维护期内必须有7名专业软件工作人员驻点进行全天候软件维护服务，根据此条要求，依据本市人均最低工资标准计算，F供应商的5万元报价，远低于其基本的人员工资成本支出，属于明显的不正当竞争。

还有评委则认为，既然F供应商投标文件响应了招标文件要求，承诺在一年维护期内安排七名专业软件工作人员驻点进行全天候软件维护服务，这对于采购人来说，花少量的钱赢得同样的服务，何乐而不为？作为评标委员会无须去讨论投标人的投标成本问题，只需要看此投标供应商的投标文件有没有响应招标文件的要求。

一般而言,货物、工程类项目存在大量的原材料、人力、物流等成本,报价之间差距有限,通常为货物档次高低、原材料差异间的差价。超低价或零报价往往出现在软件开发项目中,如何对待此超低报价?F供应商在评标现场是"留"还是"去",超低价是"正当竞争"还是"不正当竞争"?

### (二)课堂讨论

(1)软件系统开发服务投标报价为何会出现超低报价?

(2)遇到超低报价,评标委员会又当如何依法合规应对?

(3)如何防范供应商恶性报价竞争?

## 二、案例使用说明

### (一)教学目的与用途

(1)本案例教学目的在于使学生了解政府采购过程中投标报价竞争的相关法律问题,了解投标报价过低时的规范处理程序,以及如何防范恶性报价竞争问题。

(2)本案例主要适用于政府采购课程中辅助招标管理教学。

### (二)启发与思考

(1)软件开发项目投标报价过低的原因。

(2)投标报价的相关法律规定。

(3)评标专家在评标中的规范性处理程序。

### (三)分析思路

本案例的分析思路为,以软件系统开发服务的特殊性为切入点,分析投标报价过低的原因,以及投标报价的法律要求和评标中的相关注意事项,使学生充分认识到政府采购过程中报价管理的重要性。

### (四)法律依据

(1)《中华人民共和国政府采购法》

第十七条　集中采购机构进行政府采购活动,应当符合采购价格低于市场平均价格、采购效率更高、采购质量优良和服务良好的要求。

(2)《中华人民共和国招标投标法》

第三十三条　投标人不得以低于成本的报价竞标,也不得以他人名义投标或者以其他方式弄虚作假,骗取中标。

(3)《招标投标法实施条例》

第二十七条　招标人可以自行决定是否编制标底。一个招标项目只能有一个标底。标底必须保密。

接受委托编制标底的中介机构不得参加受托编制标底项目的投标,也不得为该项目的投标人编制投标文件或者提供咨询。

招标人设有最高投标限价的,应当在招标文件中明确最高投标限价或者最高投标限价的计算方法。招标人不得规定最低投标限价。

(4)《政府采购货物和服务招标投标管理办法》(中华人民共和国财政部令第18号)

第五十四条 采用最低评标价法的,按投标报价由低到高顺序排列。投标报价相同的,按技术指标优劣顺序排列。评标委员会认为,排在前面的中标候选供应商的最低投标价或者某些分项报价明显不合理或者低于成本,有可能影响商品质量和不能诚信履约的,应当要求其在规定的期限内提供书面文件予以解释说明,并提交相关证明材料;否则,评标委员会可以取消该投标人的中标候选资格,按顺序由排在后面的中标候选供应商递补,以此类推。

(五)关键要点

了解政府采购过程中报价管理的相关法律问题、评标中需要注意的细节问题、报价管理的完善方向。

(六)课堂计划建议

(1)总结我国政府采购服务招标管理的规律。

(2)课堂讨论。

(七)案例答案建议

(1)软件开发报价过低的原因和影响分析。首先,软件开发是一个周期性系统工程。软件系统生命周期构成由开发阶段和维护阶段组成,而软件系统的成本由开发成本和维护成本构成,比例约为1:2。部分供应商为了霸占市场,滥用竞争优势,故意压低开发成本进行投标,以此手段击败竞争对手取得中标资格。一旦供应商后期无法收回预期成本,整个项目就存在偷工减料、无法按期履约的风险,给采购人造成无法挽回的时间和经济双重损失。其次,超低报价的出现对参与政府采购竞争的其他供应商也构成了伤害,在整个行业内造成恶性循环,形成不正当竞争,破坏了政府采购活动的正常秩序。

(2)评标委员会的应对措施。评审现场出现报价超低的情况,评标委员会应对该供应商的成本进行考量和评估。对于排在前面的中标候选供应商的最低投标价或者某些分项报价明显不合理或者低于成本,有可能影响商品质量和不能诚信履约的,应当要求其在规定的期限内提供书面文件予以解释说明,并提交相关证明材料;否则,评标委员会可以取消该投标人的中标候选资格,按顺序由排在后面的中标候选供应商递补。

(3)防范恶性报价竞争的措施。《招标投标法实施条例》第二十七条规定,"招标人不得规定最低投标限价",如果设定了最低投标限价,就限制了投标人参与竞争的权利。在不违反相关法律规定的前提下,可以考虑采取如下措施:首先,在招标前请专业评审单位对工程造价进行评估,并作为标准价(或成本价)供评标时参考。其次,在招标文件中明确要约,若有供应商的投标报价低于标准价,投标报价低于标准价超过一定比例时将施行扣分,以此负向约束措施来防范恶性报价竞争。

# 案例四  资格性条款与歧视性条款争议

## 一、案例正文

【摘要】本案例以某政府单位信息网络及服务器采购项目为例,对政府采购招标过程中供应商资格条件设置问题进行分析。供应商的资格条件设置应与项目的特殊要求存在关联性,而不能实行歧视待遇。本案例分析可以为政府采购招标过程中的资格设定与歧视性条款的区别提供参考。

【关键词】政府采购  资格条件  歧视性条款

(一)案例背景

2016年5月3日,C采购人委托W招标公司,就该单位"信息网络及服务器采购项目"进行公开招标。5月5日,W招标公司在中国政府采购网发布招标公告并发售招标文件。5月8日,投标人H公司向W招标公司提出质疑,称:本项目的招标文件将"计算机信息系统集成一级(含一级)以上集成资质"作为资格条件,属于以不合理条件对供应商实行差别待遇或者歧视待遇,要求删除该资格条款。W招标公司答复质疑称:W招标公司在综合考量了项目采购内容、所需专业技术复杂性等特殊情况后,才将"计算机信息系统集成一级(含一级)以上集成资质"作为投标人的特定资格条件,符合《政府采购法》第二十二条的规定,不属于以不合理条件对供应商实行差别待遇或者歧视待遇。H公司对W招标公司的质疑答复不满,向财政部门提起投诉。

(二)课堂讨论

(1)对计算机信息系统集成资质的讨论。该资质是否与采购项目的具体特点和实际需要相关?是投标人的资格条件还是歧视性条款?

(2)对歧视性条款的规范性处理程序的讨论。如果招标文件中相关内容被认定为歧视性条款,又该如何规范性处理?

## 二、案例使用说明

### (一)教学目的与用途

(1)本案例教学目的在于使学生了解政府采购招标文件中的资格条件设置与歧视性条款的法律要求,以及歧视性条款的规范处理程序。

(2)本案例主要适用于政府采购课程中辅助招标管理教学。

### (二)启发与思考

(1)供应商资格条件设置的相关法律要求。

(2)歧视性条款的相关法律问题。

### (三)分析思路

本案例的分析思路为:首先需要查阅相关法律文件,分析供应商资格条件设置的法律要求,并厘清歧视性条款的具体内容;其次,回归案例本身,确定"信息系统集成一级(含一级)以上集成资质"是属于资格条件设置还是歧视性条款;最后,如果招标文件中出现歧视性条款,了解其规范性处理程序。

### (四)法律依据

(1)《政府采购法》

第二十二条 供应商参加政府采购活动应当具备下列条件:

(一)具有独立承担民事责任的能力;

(二)具有良好的商业信誉和健全的财务会计制度;

(三)具有履行合同所必需的设备和专业技术能力;

(四)有依法缴纳税收和社会保障资金的良好记录;

(五)参加政府采购活动前三年内,在经营活动中没有重大违法记录;

(六)法律、行政法规规定的其他条件。

采购人可以根据采购项目的特殊要求,规定供应商的特定条件,但不得以不合理的条件对供应商实行差别待遇或者歧视待遇。

(2)《政府采购法实施条例》

第二十条 采购人或者采购代理机构有下列情形之一的,属于以不合理的条件对供应商实行差别待遇或者歧视待遇:

(一)就同一采购项目向供应商提供有差别的项目信息;

(二)设定的资格、技术、商务条件与采购项目的具体特点和实际需要不相适应或者与合同履行无关;

(三)采购需求中的技术、服务等要求指向特定供应商、特定产品;

(四)以特定行政区域或者特定行业的业绩、奖项作为加分条件或者中标、成交条件;

（五）对供应商采取不同的资格审查或者评审标准；

（六）限定或者指定特定的专利、商标、品牌或者供应商；

（七）非法限定供应商的所有制形式、组织形式或者所在地；

（八）以其他不合理条件限制或者排斥潜在供应商。

(3)《政府采购供应商投诉处理办法》(2018年3月1日已废止，本案例为2016年，可使用)

第十九条 财政部门经审查，认定采购文件、采购过程影响或者可能影响中标、成交结果的，或者中标、成交结果的产生过程存在违法行为的，按下列情况分别处理：

（一）政府采购合同尚未签订的，分别根据不同情况决定全部或者部分采购行为违法，责令重新开展采购活动；

（二）政府采购合同已经签订但尚未履行的，决定撤销合同，责令重新开展采购活动；

（三）政府采购合同已经履行的，决定采购活动违法，给采购人、投诉人造成损失的，由相关责任人承担赔偿责任。

(4)《政府采购法》

第七十一条 采购人、采购代理机构有下列情形之一的，责令限期改正，给予警告，可以并处罚款，对直接负责的主管人员和其他直接责任人员，由其行政主管部门或者有关机关给予处分，并予通报：

（一）应当采用公开招标方式而擅自采用其他方式采购的；

（二）擅自提高采购标准的；

（三）以不合理的条件对供应商实行差别待遇或者歧视待遇的；

（四）在招标采购过程中与投标人进行协商谈判的；

（五）中标、成交通知书发出后不与中标、成交供应商签订采购合同的；

（六）拒绝有关部门依法实施监督检查的。

（五）关键要点

了解政府采购过程中资格条件设置和歧视性条款的相关法律问题、资格条件与歧视性条款的区别，以及歧视性条款规范性处理的细节问题。

（六）课堂计划建议

(1)总结我国政府采购服务招标管理的规律。

(2)课堂讨论。

（七）案例答案建议

(1)资格性条款的争议。首先，信息系统集成资质管理制度是为了加强计算机信息系统集成市场的规范化管理，对企业的注册资金、资产总额、营业收入等进行限制,最早源于1999年,2012年进行了修订,2014年取消。在本案例政府采购项目开展之际,信息系统集成资质已经不再是法定资质。其次,《政府采购法》第二十二条规定,采购人、代理机构可以根据采购项目的特殊要求,规定供应商的特定条件,但不得以不合理的条件对供应商实行差别待遇或者歧视待遇。虽然 W 招标公司认为其将信息系统集成资质作为投标人资格条件与项目的特殊要求存在关联性,但是该资质作为实质性条款,已然违反了《政府采购法》第二十二条、《政府采购法实施条例》第二十条的规定,构成对供应商实行差别待遇或者歧视待遇。

(2)歧视性待遇的规范性处理程序。根据《政府采购法》第七十一条的规定,以不合理条件对供应商实行差别待遇或者歧视待遇,投诉事项成立,采购活动违法,责令 C 采购人废标,修改招标文件后重新开展采购活动。同时,采购文件的编制由 C 采购人及 W 招标公司共同完成,且经 C 采购人书面确认,所以 C 采购人及 W 招标公司均应对违法行为承担责任。根据《政府采购法》第七十一条第(三)项的规定,对 C 采购人和 W 代理机构的违法行为分别作出警告的行政处罚。

## 案例五　供应商之间有关联关系能认定是串通投标吗?

### 一、案例正文

**【摘要】** 本案例以某政府系统采购项目为例,对政府采购招标中供应商串通投标的问题进行分析。一般而言,串通投标属于法定情形,投标人之间存在关联关系需要根据具体情形并结合相关法律规定来判断,只有符合法律法规规定的情形才能认定为串通投标。本案例分析可以为政府采购招标过程中的串通投标的认定提供参考。

**【关键词】** 政府采购　关联关系　串通投标

(一)案例背景

某年5月10日,采购人委托 A 公司就"某系统采购项目"进行公开招标,5月12日在中国政府采购网发布招标公告。6月29日开标,7月1日发布中标公告,中标人为 B 公司。7月29日,举报人 D 公司向财政部门来函反映,称:投标人 B 公司与 C 公司在本项目投标活动中有串通投标行为,两家供应商的股东、发起人均为甲,存在实际的关联关系,属于《政府采购法实施条例》第七十四条第(四)项规定的串通投标的情形。同时,B 公司和 C 公司的投标文件可能由同一家公司制作。

进一步的调查结果显示,在全国企业信用信息公示系统网站上,B 公司注册资本为3000万元,其中甲出资1530万元,乙出资1470万元,法定代表人为甲;C 公司注册资本为500万元,出资人为乙,法定代表人为乙。

## (二)课堂讨论

(1)公司之间有关联关系是否可以认定为串通投标?
(2)哪些情形将被认定为串通投标?

## 二、案例使用说明

### (一)教学目的与用途

(1)本案例教学目的在于使学生了解政府采购招标管理的规范性要求、串通投标的相关法律问题,以及政府采购评标中的细节要求。
(2)本案例主要适用于政府采购课程中辅助招标管理教学。

### (二)启发与思考

(1)串通投标的相关法律规定。
(2)投标单位存在关联关系的相关法律问题。
(3)评标专家在评标中注意的细节问题。

### (三)分析思路

本案例的分析思路为,以政府采购招标过程中串通投标法定内容为切入点,重点分析相关法律规定串通投标的具体情形、供应商存在关联关系的法律问题,以及评标中的注意事项,使学生了解到政府招标管理公平、公正、公开的重要性。

### (四)法律依据

(1)《政府采购法实施条例》

第十八条 单位负责人为同一人或者存在直接控股、管理关系的不同供应商,不得参加同一合同项下的政府采购活动。除单一来源采购项目外,为采购项目提供整体设计、规范编制或者项目管理、监理、检测等服务的供应商,不得再参加该采购项目的其他采购活动。

第七十四条 有下列情形之一的,属于恶意串通,对供应商依照政府采购法第七十七条第一款的规定追究法律责任,对采购人、采购代理机构及其工作人员依照政府采购法第七十二条的规定追究法律责任:

(一)供应商直接或者间接从采购人或者采购代理机构处获得其他供应商的相关情况并修改其投标文件或者响应文件;

(二)供应商按照采购人或者采购代理机构的授意撤换、修改投标文件或者响应文件;

(三)供应商之间协商报价、技术方案等投标文件或者响应文件的实质性内容;

(四)属于同一集团、协会、商会等组织成员的供应商按照该组织要求协同参加政府采购活动;

(五)供应商之间事先约定由某一特定供应商中标、成交;

(六)供应商之间商定部分供应商放弃参加政府采购活动或者放弃中标、成交;

(七)供应商与采购人或者采购代理机构之间、供应商相互之间,为谋求特定供应商中标、成交或者排斥其他供应商的其他串通行为。

(2)《政府采购货物和服务招标投标管理办法》(中华人民共和国财政部令第87号)

第三十七条 有下列情形之一的,视为投标人串通投标,其投标无效:

(一)不同投标人的投标文件由同一单位或者个人编制;

(二)不同投标人委托同一单位或者个人办理投标事宜;

(三)不同投标人的投标文件载明的项目管理成员或者联系人员为同一人;

(四)不同投标人的投标文件异常一致或者投标报价呈规律性差异;

(五)不同投标人的投标文件相互混装;

(六)不同投标人的投标保证金从同一单位或者个人的账户转出。

(3)《政府采购法》

第七十七条 供应商有下列情形之一的,处以采购金额千分之五以上千分之十以下的罚款,列入不良行为记录名单,在一至三年内禁止参加政府采购活动,有违法所得的,并处没收违法所得,情节严重的,由工商行政管理机关吊销营业执照;构成犯罪的,依法追究刑事责任:

(一)提供虚假材料谋取中标、成交的;

(二)采取不正当手段诋毁、排挤其他供应商的;

(三)与采购人、其他供应商或者采购代理机构恶意串通的;

(四)向采购人、采购代理机构行贿或者提供其他不正当利益的;

(五)在招标采购过程中与采购人进行协商谈判的;

(六)拒绝有关部门监督检查或者提供虚假情况的。

供应商有前款第(一)至(五)项情形之一的,中标、成交无效。

(五)关键要点

了解政府采购招标、投标和评标中需要注意的细节问题,判定串通投标以及串通投标的规范处理与防范措施。

(六)课堂计划建议

(1)总结我国政府采购招标、投标管理的规律。

(2)课堂讨论。

### (七) 案例答案建议

(1) 串通投标的认定问题。串通投标属于法定情形,只有符合政府采购相关法律法规规定的情形才能认定为串通投标。本案中虽然 B 公司与 C 公司之间存在股东交叉的关系,但不属于《政府采购法实施条例》第七十四条规定的恶意串通的情形。禁止性行为是法律对自由的限制,必须在法律规定的范围内进行认定。所以,只有存在法定串通投标情形的才能认定为构成串通投标,而不能仅凭两个供应商之间存在股东交叉的关联关系就认定为构成串通投标。

(2) 供应商存在关联关系,还能否继续参加投标?根据《政府采购法实施条例》第十八条第一款的规定,单位负责人为同一人或者存在直接控股、管理关系的不同供应商,不得参加同一合同项下的政府采购活动。条文中所指的"单位负责人"一般是指法定代表人,本案中虽然 B 公司的股东之一与 C 公司的法定代表人均为乙,但是 B 公司法定代表人为甲,而 C 公司的法定代表人为乙,两家公司的单位负责人(法定代表人)并不是同一人,也不存在直接控股、管理关系。故 B 公司与 C 公司不属于《政府采购法实施条例》第十八条规定的禁止参加同一合同项下的政府采购活动的情形。

(3) 财政部门调查后并未发现 B 公司与 C 公司存在串通报价、文件混装、内容雷同等行为,显然也不符合《政府采购货物和服务招标投标管理办法》(财政部令第 87 号)第三十七条串通投标的认定条件,因此也不能认定 B 公司和 C 公司一定是串通投标。

综上,尽管存在关联的公司之间串通投标的可能性很大,但如果不能明确公司间具体属于何种关系,那么仅凭关联关系来认定存在串通投标是不合理的,因而供应商之间存在关联关系并不必然构成串通投标。

## 案例六　采购项目的法律适用性

### 一、案例正文

**【摘要】** 本案例以某医疗救治体系采购项目为例,对政府采购中的法律适用性问题进行分析。政府采购涉及的相关的法律法规包括《政府采购法》《政府采购货物和服务招标投标管理办法》(财政部令第 18 号)《招标投标法》等。政府在采购实践中,必须严格按照其适用的法律来执行。本案例的分析可以为政府采购项目中法律适用性问题提供参考。

**【关键词】** 政府采购　法律适用性

## （一）案例背景

### 1. 基本情况

采购人某单位委托G招标公司，就"某医疗救治体系采购项目"进行公开招标，采购预算2000万元。本项目于2016年10月29日在中国政府采购网发布招标公告，11月20日开标、评标。经评标委员会评审，推荐C公司为中标候选人，G招标公司经采购人确认，于12月1日在中国政府采购网发布中标公告。

投标人A公司在中标公告发布后，向采购人及G招标公司提出质疑，称：根据《政府采购货物和服务招标投标管理办法》（财政部令第18号）规定："中标供应商确定后，中标结果应当在财政部门指定的政府采购信息发布媒体上公告。公告内容应当包括招标项目名称、中标供应商名单、评标委员会成员名单、招标采购单位的名称和电话。"而本项目中标公告中未包括评标委员会成员名单。G招标公司在质疑回复中称，本项目是某医疗救治体系建设项目的一部分，遵循《招标投标法》的相关规定进行招标活动，无需按照《政府采购货物和服务招标投标管理办法》（财政部令第18号）公告评标委员会成员名单。A公司对此答复不满，向财政部门提出了投诉。

### 2. 处理结果

本案反映了招投标过程中适用法律的问题。本项目从单位性质来看属于中央预算单位，从资金使用性质来看属于财政拨款，从采购预算2000万来看，超过了公开招标的采购限额标准；从采购内容来看属于货物类采购，很显然本项目是采购人使用财政性资金采购货物的行为，其采购方式和采购程序，均应依照《政府采购法》及《政府采购货物和服务招标投标管理办法》（财政部令第18号）等相关法律法规执行。本项目没有依照上述规定执行，而且在A公司提出质疑后，G招标公司也没有认真对待，却以本项目应遵循《招标投标法》为由答复A公司，最终导致了A公司向财政部门的投诉。

## （二）课堂讨论

《招标投标法》和《政府采购法》的具体适用场景是什么？两者又有什么区别和联系？

根据《招投标法》第二条，在中华人民共和国境内进行招标投标活动，适用本法。第三条又提到，在中华人民共和国境内进行下列工程建设项目，包括项目的勘察、设计、施工、监理以及与工程建设有关的重要设备、材料等的采购，必须进行招标：（一）大型基础设施、公用事业等关系社会公共利益、公众安全的项目；（二）全部或者部分使用国有资金投资或者国家融资的项目；（三）使用国际组织或者外国政府贷款、援助资金的项目。这两个法条的规定是，其一中国境内的一切招投标活动适用本法，规范的是所有招投标活动；其二是必须符合招投标的范围。

根据《政府采购法》第二条,在中华人民共和国境内进行的政府采购适用本法。本法所称政府采购,是指各级国家机关、事业单位和团体组织,使用财政性资金采购依法制定的集中采购目录以内的或者采购限额标准以上的货物、工程和服务的行为。《政府采购法实施条例》第二条指出,《政府采购法》第二条所称财政性资金是指纳入预算管理的资金。以财政性资金作为还款来源的借贷资金,视同财政性资金。国家机关、事业单位和团体组织的采购项目既使用财政性资金又使用非财政性资金的,使用财政性资金采购的部分,适用政府采购法及本条例;财政性资金与非财政性资金无法分割采购的,统一适用政府采购法及本条例。前款所称工程,是指建设工程,包括建筑物和构筑物的新建、改建、扩建及其相关的装修、拆除、修缮等;所称与工程建设有关的货物,是指构成工程不可分割的组成部分,且为实现工程基本功能所必需的设备、材料等;所称与工程建设有关的服务,是指为完成工程所需的勘察、设计、监理等服务。政府采购工程以及与工程建设有关的货物、服务,应当执行政府采购政策。

本案例中的医疗救治体系项目采购是采购人使用财政性资金采购货物的行为,其采购方式和采购程序,均应依照《政府采购法》及《政府采购货物和服务招标投标管理办法》(财政部令第18号)等相关法律法规执行。

## 二、案例使用说明

### (一)教学目的与用途

(1)本案例教学目的在于使学生了解在政府采购过程中,针对实践中的采购项目,如何确定适用性的法律,并根据法律规定,分析判断采购项目中的规范性。

(2)本案例主要适用于政府采购课程中关于法律适用性的学习。

### (二)启发与思考

(1)《政府采购法》的具体适用情景。

(2)《政府采购法》和《招投标法》的区别与联系。

### (三)分析思路

本案例的分析思路为,以《政府采购法》和《招投标法》的适用范围为切入点,重点分析两部法律规定的区别,并分析实际采购项目的规范性,使学生充分认识政府采购过程中法律适用性的重要。

### (四)法律依据

(1)《中华人民共和国政府采购法》

第二条 在中华人民共和国境内进行的政府采购适用本法。

本法所称政府采购,是指各级国家机关、事业单位和团体组织,使用财政性资金采购依法制定的集中采购目录以内的或者采购限额标准以上的货物、工程和服务的行为。

政府集中采购目录和采购限额标准依照本法规定的权限制定。

本法所称采购,是指以合同方式有偿取得货物、工程和服务的行为,包括购买、租赁、委托、雇用等。

本法所称货物,是指各种形态和种类的物品,包括原材料、燃料、设备、产品等。

本法所称工程,是指建设工程,包括建筑物和构筑物的新建、改建、扩建、装修、拆除、修缮等。

本法所称服务,是指除货物和工程以外的其他政府采购对象。

第六十四条　采购人必须按照本法规定的采购方式和采购程序进行采购。

任何单位和个人不得违反本法规定,要求采购人或者采购工作人员向其指定的供应商进行采购。

(2)《招投标法》

第二条　在中华人民共和国境内进行招标投标活动,适用本法。

第三条　在中华人民共和国境内进行下列工程建设项目包括项目的勘察、设计、施工、监理以及与工程建设有关的重要设备、材料等的采购,必须进行招标:

(一)大型基础设施、公用事业等关系社会公共利益、公众安全的项目;

(二)全部或者部分使用国有资金投资或者国家融资的项目;

(三)使用国际组织或者外国政府贷款、援助资金的项目。

前款所列项目的具体范围和规模标准,由国务院发展计划部门会同国务院有关部门制订,报国务院批准。法律或者国务院对必须进行招标的其他项目的范围有规定的,依照其规定。

(3)《政府采购供应商投诉处理办法》(2018年3月1日废止)

第十九条　财政部门经审查,认定采购文件、采购过程影响或者可能影响中标、成交结果的,或者中标、成交结果的产生过程存在违法行为的,按下列情况分别处理:

(一)政府采购合同尚未签订的,分别根据不同情况决定全部或者部分采购行为违法,责令重新开展采购活动;

(二)政府采购合同已经签订但尚未履行的,决定撤销合同,责令重新开展采购活动;

(三)政府采购合同已经履行的,决定采购活动违法,给采购人、投诉人造成损失的,由相关责任人承担赔偿责任。

### (五)关键要点

了解政府采购管理过程中,《政府采购法》和《招投标法》的具体适用范围,结合相应的法律,分析实践中采购行为的规范性。

### (六)课堂计划建议

(1)总结《政府采购法》和《招投标法》的区别。

(2)课堂讨论。

### (七)案例答案建议

本项目采购活动违反了《中华人民共和国政府采购法》第二条第一款和第六十四条第一款的规定。根据《政府采购供应商投诉处理办法》第十九条的规定,财政部门经审查,认定采购文件、采购过程影响或者可能影响中标、成交结果的,或者中标、成交结果的产生过程存在违法行为的,政府采购合同已经履行的,判定采购活动违法,因此本项目采购活动违法。

## 案例七 采购人自行改变中标候选人

### 一、案例正文

【摘要】本案例以某单位委托招标机构采购PC服务器项目为例,对采购人自行更换中标人的问题进行分析。除法律特殊规定外,采购人、采购代理机构不得以任何理由改变评审结果。本案例通过对采购人自行更换中标人法律问题的分析,使学生充分认识到政府采购流程规范性的重要性。

【关键词】政府采购 委托招标 更换中标人

### (一)案例背景

2016年2月20日,A采购人委托M招标公司,就该单位"PC服务器采购项目"进行公开招标。2月22日,M招标公司在中国政府采购网发布招标公告并发售招标文件。标书发售期间,共有7家供应商购买了招标文件。3月20日投标截止,4家供应商按时提交了投标文件。开标仪式结束后,M招标公司组织了评标工作,由1名采购人代表和4名随机抽取的专家组成的评审委员会共同完成了评标,按次序推荐B公司为第一中标候选人。3月21日,M招标公司向A采购人发送了评审报告。而A采购人称:B公司投标文件中业绩部分存在造假,涉嫌提供虚假材料谋取中标,本项目又急需采购PC服务器,A采购人将自行确认第二中标候选人D公司为中标供应商。4月11日,M招标公司发布中标人为第二中标候选人D公司的中标公告,并向D公司发送了中标通知书。4月14日,A采购人与D公司签订采购合同。4 月 17 日,投标人 B 公司向财政部门来函反映,A 采购人未经评审委员会评审直接决定其他候选人为中标人的行为违法。

(二)课堂讨论

(1)采购人是否可以根据投标文件造假而自行更换中标人?
(2)代理机构在此过程中存在哪些法律问题?

## 二、案例使用说明

(一)教学目的与用途

(1)本案例教学目的在于使学生了解政府采购管理的重要性、政府采购招标管理的规范要求、投标中的注意事项,以及评标中的细节要求。
(2)本案例主要适用于政府采购课程中辅助招标管理教学。

(二)启发与思考

(1)采购单位更换中标人存在的法律方面的问题。
(2)招标公司在评标过程中存在的法律方面的问题。

(三)分析思路

本案例的分析思路为,在采购单位委托代理机构进行招标时,以政府采购中评标管理为切入点,重点分析委托方的义务和权限、受托方的义务和权限、评标中的注意事项和细节问题,使学生充分认识到评标管理的重要性。

(四)法律依据

(1)《政府采购法》

第四十六条 采购人与中标、成交供应商应当在中标、成交通知书发出之日起三十日内,按照采购文件确定的事项签订政府采购合同。中标、成交通知书对采购人和中标、成交供应商均具有法律效力。中标、成交通知书发出后,采购人改变中标、成交结果的,或者中标、成交供应商放弃中标、成交项目的,应当依法承担法律责任。

第七十一条 采购人、采购代理机构有下列情形之一的,责令限期改正,给予警告,可以并处罚款,对直接负责的主管人员和其他直接责任人员,由其行政主管部门或者有关机关给予处分,并予通报:

(一)应当采用公开招标方式而擅自采用其他方式采购的;
(二)擅自提高采购标准的;
(三)以不合理的条件对供应商实行差别待遇或者歧视待遇的;
(四)在招标采购过程中与投标人进行协商谈判的;

（五）中标、成交通知书发出后不与中标、成交供应商签订采购合同的；

（六）拒绝有关部门依法实施监督检查的。

(2)《政府采购法实施条例》

第四十三条第一款　采购代理机构应当自评审结束之日起2个工作日内将评审报告送交采购人。采购人应当自收到评审报告之日起5个工作日内在评审报告推荐的中标或者成交候选人中按顺序确定中标或者成交供应商。

第四十四条　除国务院财政部门规定的情形外，采购人、采购代理机构不得以任何理由组织重新评审。采购人、采购代理机构按照国务院财政部门的规定组织重新评审的，应当书面报告本级人民政府财政部门。采购人或者采购代理机构不得通过对样品进行检测、对供应商进行考察等方式改变评审结果。

（五）关键要点

了解政府采购工程评标管理的重要性，招标、投标和评标中需要注意的细节问题，相关人员在工作中容易出现的问题。

（六）课堂计划建议

(1)总结我国政府采购招标、投标、评标管理的规律。

(2)课堂讨论。

（七）案例答案建议

(1)采购人未在5个工作日之内在评审报告推荐的中标候选人中按顺序确定中标供应商。本案中，M招标公司于3月21日向A采购人发送了评审报告，按次序推荐B公司为第一中标候选人，截至5个工作日期限届满，A采购人未确认采购结果，该行为违反了《政府采购法实施条例》第四十三条第一款的规定。

(2)采购人不得要求评审委员会违法重新评审。根据《关于进一步规范政府采购评审工作有关问题的通知》（财库〔2012〕69号）规定，评审结果汇总完成后，采购人、采购代理机构和评审委员会均不得修改评审结果或者要求重新评审，但资格性检查认定错误，分值汇总计算错误，分项评分超出评分标准范围，客观分评分不一致，经评审委员会一致认定评分畸高、畸低的情形除外。本案中，第一中标候选人B公司业绩可能造假不属于重新评审的法定情形，而进一步的审查结果显示，B公司提供的业绩材料符合招标文件要求，不存在提供虚假材料谋取中标的情形，A采购人以此要求M招标公司组织重新评审的做法明显失当。

(3)采购人不得自行改变评审委员会推荐的中标候选人顺序选择中标人。如果采购人发现第一中标候选人存在违法行为的，根据《政府采购法实施条例》第四十四条的规定，应当书面向本级人民政府财政部门反映而不得自行改变评审结果。本案中，A采购人自行确认第二中标候选人为中标供应商的行为违反了该规定。

(4) 采购人应按照法律及招标文件的相关规定签订采购合同。根据《政府采购法》第四十六条规定,采购人与中标供应商应当在中标通知书发出之日起 30 日内,按照采购文件确定的事项签订政府采购合同。实践中,采购人、采购代理机构往往通过隐瞒政府采购信息、改变采购方式、不按采购文件确定事项签订采购合同等手段,达到虚假采购或者让内定供应商中标的目的。因此,采购人应当依照采购文件所确认的标的、数量、单价等与中标供应商签订采购合同。

综上,财政部门做出处理决定如下:根据《政府采购法》第四十六条、第七十一条,以及《政府采购法实施条例》第四十三条、第四十四条的规定,责令 B 公司进行相关整改,督促 A 采购人签订采购合同。

## 案例八 政府采购第一案

### 一、案例正文

**【摘要】**本案例以 2003 年国家医疗救治体系项目招标为例,对政府采购过程中的法律冲突衍生的监督问题进行分析。《政府采购法》与《招标投标法》对监督主体的规定不同,致使各监督主体出现互相推诿、不作为的行为,采购相关问题迟迟得不到有效解决,供应商合法权益无法有效保护。因此,本案例将对政府采购中的法律冲突、监督问题和司法救济等相关问题进行分析。

**【关键词】**政府采购 监督问题 法律冲突 司法救济

(一)案例背景

2003 年"非典"后,国家发改委、卫生部委托两家代理机构对医疗救治体系项目公开招标。北京现代沃尔经贸有限责任公司(简称现代沃尔公司),分别参加了两家采购代理机构组织的投标,报价均为最低,但均未中标。现代沃尔公司怀疑招投标存在暗箱操作,并指出招标文件中评标方法、打分标准、计算公式不明确,中标供应商不符合《政府采购法》的立法宗旨,招标文件限制供应商竞争的规定违反了《政府采购法》等问题。

2004 年 12 月 7 日,现代沃尔公司根据《政府采购法》规定的程序,向采购人和代理机构国家发改委、卫生部以及中国远东中介公司提出质疑。2004 年 12 月 13 日,现代沃尔公司收到了代理机构中国远东的传真答复。这份答复认为,现代沃尔公司的一些技术指标不能满足招标文件的要求,项目严格按照综合比较、逐项打分原则进行,根据投标价格、商务、技术三项因素得出了现有的排序结果。但中国远东的答复并没有全面回答现代沃尔公司的质疑。

按照《政府采购法》的规定,竞标商在对代理机构的答复不满意的情况下,可以向同级政府采购监督管理部门投诉。于是,现代沃尔公司又开始向有关政府部门提起投诉。2004年12月21日,现代沃尔公司针对卫生部在政府采购过程中不合法的事实向财政部提出投诉。但财政部未给予任何答复。2005年1月7日,现代沃尔公司再次分别向卫生部、国家发改委稽查办和财政部国库司政府采购管理处提出投诉,仍未果。2005年3月23日,现代沃尔公司以财政部在法定30天时间内未能做出处理决定,也没有给予答复为由,提起行政诉讼,将财政部告上法庭。

财政部与现代沃尔公司双方各执其词。财政部认为依据2000年实施的《招标投标法》,以及同年原国家计委发布的规章,对国家重大建设项目招标投标活动的投诉由国家发展和改革委员会受理并做出处理决定,财政部不是法定监督人。而现代沃尔公司认为,《招标投标法》只规定了相关的行政机关监督职能,但没有明确是国家发改委还是财政部。而2003年1月1日实施的《政府采购法》,已经明确规定财政部门是政府采购活动的主管机关。根据法律规定,国家发改委、卫生部作为采购人必须回避监督人的角色。财政部作为法定监督人,应对现代沃尔公司的投诉予以处理和答复。经过北京两级法院的审理,财政部均告败诉。由于这是《政府采购法》2003年1月1日正式实施后的第一例状告财政部的政府采购案件,因此被称为"政府采购第一案"。

(二)课堂讨论

(1)本案例暴露出了政府采购中存在的哪些问题?
(2)两部法律冲突的表现体现在哪些方面?
(3)如何完善供应商司法救济制度与程序?

由本案例可以看出政府采购中存在以下几个问题:

(1)采购监督制度不健全。《政府采购法》颁布前,没有明确的监督部门,政府有关部门既是采购人又是监督人,担当双重角色,权力难以受到有效约束和限制。2003年1月1日《政府采购法》实施后,法律第一次统一了政府采购货物、工程和服务的主管机关和监督机关,那就是各级财政部门。按照《政府采购法》,采购人和监督管理部门应该分开,且法律专门规定监督管理部门不得参与采购活动。该案件就是让发改委在重大工程的采购中"既当裁判员又当运动员",这显然是不合理的,也反映了我国以前政府采购制度的缺陷和漏洞。

(2)程序上暗箱操作,政府采购信息发布缺乏真正的公开。很多地方的采购主体并未以多种方式向社会公布采购信息,致使参与投标的供应商或承包商较少,造成政府采购往往被少数人操控。同样,对于采购过程和结果也不公开,告知或通知及回避等制度均较难落实,这实质上剥夺了当事人程序上的知情权及相关权益,同时也不能发挥竞争机制的作用。案例中现代沃尔公司多次询问时都没有得到正面的答复,对政府采购过程中是否有不恰当或者违法的行为都无法获知。

(3)法律救济机制仍不健全。救济机制是政府采购制度必不可少的一项。在政府采购制度的某些方面出现"失灵"的情况下,有效而完善的救济机制可以保障制度的正常运行。然而,立法中对当事人合法权益受侵害或有异议时的救济途径规定甚少,救济途径也大多限于行政程序或不规范的内部程序。在案例中,涉及的质询、投诉和提起法律诉讼等,法律规定较为粗略,再加上采购过程透明度不够,这都在一定程度上损害了供应商的合法权益,最终导致现代沃尔公司只能针对政府的不作为行为提起上诉。

## 二、案例使用说明

### (一)教学目的与用途

(1)本案例教学目的在于使学生了解政府采购管理的重要性、政府采购过程中相关部门职责与权限、相关法律规定的冲突与适用性问题。

(2)本案例主要适用于政府采购课程中辅助招标管理教学。

### (二)启发与思考

(1)采购过程中相关部门存在的法律方面的问题。

(2)法律冲突问题的原因、表现以及解决措施。

(3)供应商司法救济完善措施。

### (三)分析思路

本案例的分析思路为,以政府采购招标过程中的问题为切入点,重点分析各职能部门的责任与义务,《政府采购法》与《招标投标法》两部法律冲突的原因、表现以及解决措施,使学生充分认识到政府采购招标中完善制度建设的重要性。

### (四)法律依据

(1)《政府采购法》

第二条　在中华人民共和国境内进行的政府采购适用本法。

本法所称政府采购,是指各级国家机关、事业单位和团体组织,使用财政性资金采购依法制定的集中采购目录以内的或者采购限额标准以上的货物、工程和服务的行为。

政府集中采购目录和采购限额标准依照本法规定的权限制定。

本法所称采购,是指以合同方式有偿取得货物、工程和服务的行为,包括购买、租赁、委托、雇用等。

本法所称货物,是指各种形态和种类的物品,包括原材料、燃料、设备、产品等。

本法所称工程,是指建设工程,包括建筑物和构筑物的新建、改建、扩建、装修、拆除、修缮等。

本法所称服务,是指除货物和工程以外的其他政府采购对象。

第十三条　各级人民政府财政部门是负责政府采购监督管理的部门,依法履行对政府采购活动的监督管理职责。

各级人民政府其他有关部门依法履行与政府采购活动有关的监督管理职责。

第五十二条　供应商认为采购文件、采购过程和中标、成交结果使自己的权益受到损害的,可以在知道或者应知其权益受到损害之日起七个工作日内,以书面形式向采购人提出质疑。

第五十八条　投诉人对政府采购监督管理部门的投诉处理决定不服或者政府采购监督管理部门逾期未做处理的,可以依法申请行政复议或者向人民法院提起行政诉讼。

(2)《招标投标法》

第七条　招标投标活动及其当事人应当接受依法实施的监督。有关行政监督部门依法对招标投标活动实施监督,依法查处招标投标活动中的违法行为。对招标投标活动的行政监督及有关部门的具体职权划分,由国务院规定。

(3)《政府采购实施条例》

第七条　政府采购工程以及与工程建设有关的货物、服务,采用招标方式采购的,适用《中华人民共和国招标投标法》及其实施条例;采用其他方式采购的,适用政府采购法及本条例。

前款所称工程,是指建设工程,包括建筑物和构筑物的新建、改建、扩建及其相关的装修、拆除、修缮等;所称与工程建设有关的货物,是指构成工程不可分割的组成部分,且为实现工程基本功能所必需的设备、材料等;所称与工程建设有关的服务,是指为完成工程所需的勘察、设计、监理等服务。

政府采购工程以及与工程建设有关的货物、服务,应当执行政府采购政策。

(五)关键要点

了解政府采购法律冲突问题,招标、投标和评标中需要注意的细节问题,实践中容易出现的问题。

(六)课堂计划建议

(1)总结我国政府采购招标管理的规律。

(2)课堂讨论。

(七)案例答案建议

(1)健全法律制度设计。通过案例可以看出在政府采购救济中出现的最明显的一个问题就是监督主体不明确,进而导致监督不力。根据《政府采购法》第十三条和第五十八条的规定,各级人民政府财政部门是负责政府采购监督管理的部门。

但政府采购办公室均是各级财政部门的下设机构,也是财政部门处理政府采购事务的办事机构,于是在实践中就会出现政府采购办公室既参与采购活动,又复议采购投诉的现象。因此可以考虑在相关的司法解释中明确设立一个相对独立的机构为行政复议机关,来避免政府采购部门既当"运动员又当裁判员"的问题。

(2)拓宽司法审查范围。在本案例中,纵观整个政府采购过程,供应商始终处于弱势的地位,但是现行的法律框架对供应商权利的救济制度无非是质疑、投诉以及行政复议,而这些救济措施的救济范围相对较为有限。根据《政府采购法》第五十八条规定,只有在经过质疑、投诉之后,供应商对政府采购监督管理部门的投诉处理决定不服或者政府采购监督管理部门逾期未做处理的,供应商才可选择提起行政诉讼,申诉范围较为局限,供应商的合法权益也无法得到有效保障。因此为了保证政府采购的公平、公正性,需要进一步拓宽司法审查范围,进一步扩大质疑事项的范围并保证质疑机构的独立,保护供应商申请司法救济的权利。

采购过程中政府和供应商之间地位的不对等性使得政府采购必须有完善的法律制度和配套的法律救济程序,这不仅仅是供应商自身利益能否得到保障的问题,更重要的是它涉及供应商对政府采购市场的信心和政府采购的发展和完善。只有制定完善的权利救济制度,完善法律实施程序,规范政府采购行为,对处于弱势地位的供应商提供有效的救济以维护供应商的合法权益,才能推动政府采购市场长期健康有序运行。

# 第二章 政府采购供应商管理案例

## 案例一 供应商串通投标

### 一、案例正文

**【摘要】**本案例以某服务项目招标为例,从政府采购供应商管理角度,对政府采购供应商管理过程中供应商串谋的问题进行分析。本案例分析了政府采购实践中,如何认定供应商有串通投标行为及其串通投标的严重程度,并准确确定具体处罚依据。本案例分析可以为规范政府采购供应商管理提供参考。

**【关键词】**串通投标 资格审查 投标文件

（一）案例背景

某机关单位进行某服务项目招标采购,采购预算为 30 万元人民币,采用综合评分法评标,共有 $A_1$、$A_2$、$A_3$、B、C 五家供应商前来投标。

在进行评标过程中,评标委员会发现,B、C 两家供应商的投标文件所附的"计划措施及售后服务"内容完全一致,有串通投标的嫌疑。评委会据此认定 B、C 为无效投标,最终 $A_1$ 供应商综合得分最高,被推荐为中标候选人。

评标活动结束后,采购代理机构按要求将相关采购文件向财政部门进行备案,并向财政部门报告了 B、C 两家供应商涉嫌串通投标的问题,财政部门依法对此次采购活动进行调查。

经查,5 家供应商均通过了资格性审查和符合性审查,在调取 5 家供应商的投标文件正本后,发现 B、C 投标文件中"计划措施及售后服务"的内容完全一致,且售后服务管理人签名均为 B 供应商的员工"张三"。

（二）课堂讨论

如何界定供应商有串通投标行为？串通投标严重程度如何认定？如何准确定位具体处罚依据？

(1)如何界定其属于串通投标行为。依照《政府采购货物和服务招标投标管理办法》(财政部令第 87 号)第三十七条第一款第三项"不同投标人的投标文件载明的项目管理成员或者联系人员为同一人"、第四项"不同投标人的投标文件异常一致或者投标报价呈规律性差异"、第五项"不同投标人的投标文件相互混装",视其为串通投标,其投标无效。

(2)串通投标严重程度的认定。《政府采购法实施条例》(国务院令第658号)第七十四条规定了七种恶意串通标准,符合其一,则对供应商应依照《政府采购法》第七十七条第一款的规定追究法律责任。这七条标准为:供应商直接或者间接从采购人或者采购代理机构处获得其他供应商的相关情况并修改其投标文件或者响应文件;供应商按照采购人或者采购代理机构的授意撤换、修改投标文件或者响应文件;供应商之间协商报价、技术方案等投标文件或者响应文件的实质性内容;属于同一集团、协会、商会等组织成员的供应商按照该组织要求协同参加政府采购活动;供应商之间事先约定由某一特定供应商中标、成交;供应商之间商定部分供应商放弃参加政府采购活动或者放弃中标、成交;供应商与采购人或者采购代理机构之间、供应商相互之间,为谋求特定供应商中标、成交或者排斥其他供应商的其他串通行为。对照前述标准,可见本案不属于恶意串通,其程度要小于上述行为。

(3)如何准确定位具体处罚依据。《政府采购法》只对恶意串通的行为规定了处罚措施。其第七十二条规定,采购人、采购代理机构及其工作人员与供应商或者采购代理机构恶意串通的,构成犯罪的,依法追究刑事责任;尚不构成犯罪的,处以罚款,有违法所得的,并处没收违法所得,属于国家机关工作人员的,依法给予行政处分。第七十七条明确,供应商与采购人、其他供应商或者采购代理机构恶意串通的,处以采购金额千分之五以上千分之十以下的罚款,列入不良行为记录名单,在一至三年内禁止参加政府采购活动,有违法所得的,并处没收违法所得,情节严重的,由工商行政管理机关吊销营业执照;构成犯罪的,依法追究刑事责任。目前,各地大多是依据该条规定以及地方法规对串通投标行为进行处罚的。按照《政府采购法》以及地方政府采购方面的法规,该地财政部门应对B、C两供应商分别处以项目合同金额千分之十的罚款,并对单位直接负责的主管人员处单位罚款金额百分之十的罚款。

## 二、案例使用说明

(一)教学目的与用途

(1)本案例教学目的在于使学生了解政府采购过程中供应商串谋行为及其严重程度的认定,以及如何准确确定对于供应商串谋行为的处罚措施。

(2)本案例主要适用于政府采购课程中辅助供应商管理教学。

## (二)启发与思考

(1)正向激励尽职专家:本案例中是专家在评审时发现了供应商有串通投标的痕迹。

(2)正向激励采购代理机构:本案例中发现串通投标后报告财政部门,具体是由采购代理机构完成的,其手段是代理机构向财政部门备案采购文件。

## (三)分析思路

本案例的分析思路为,以政府采购供应商管理过程中相关法律为切入点,重点分析供应商具体投标细节,以判定其是否具有串通投标行为,而后确认串标行为严重程度,依法进行处罚,使学生充分认识政府采购中供应商串标行为的确定及处罚问题。

## (四)法律依据

(1)《政府采购法》

第七十二条 采购人、采购代理机构及其工作人员有下列情形之一,构成犯罪的,依法追究刑事责任;尚不构成犯罪的,处以罚款,有违法所得的,并处没收违法所得,属于国家机关工作人员的,依法给予行政处分:

(一)与供应商或者采购代理机构恶意串通的;

(二)在采购过程中接受贿赂或者获取其他不正当利益的;

(三)在有关部门依法实施的监督检查中提供虚假情况的;

(四)开标前泄露标底的。

第七十七条 供应商有下列情形之一的,处以采购金额千分之五以上千分之十以下的罚款,列入不良行为记录名单,在一至三年内禁止参加政府采购活动,有违法所得的,并处没收违法所得,情节严重的,由工商行政管理机关吊销营业执照;构成犯罪的,依法追究刑事责任:

(一)提供虚假材料谋取中标、成交的;

(二)采取不正当手段诋毁、排挤其他供应商的;

(三)与采购人、其他供应商或者采购代理机构恶意串通的;

(四)向采购人、采购代理机构行贿或者提供其他不正当利益的;

(五)在招标采购过程中与采购人进行协商谈判的;

(六)拒绝有关部门监督检查或者提供虚假情况的。

供应商有前款第(一)至(五)项情形之一的,中标、成交无效。

(2)中华人民共和国财政部令第87号《政府采购货物和服务招标投标管理办法》

第三十七条 有下列情形之一的,视为投标人串通投标,其投标无效:

(一)不同投标人的投标文件由同一单位或者个人编制;

(二)不同投标人委托同一单位或者个人办理投标事宜；
(三)不同投标人的投标文件载明的项目管理成员或者联系人员为同一人；
(四)不同投标人的投标文件异常一致或者投标报价呈规律性差异；
(五)不同投标人的投标文件相互混装；
(六)不同投标人的投标保证金从同一单位或者个人的账户转出。
(3)中华人民共和国国务院令第658号《政府采购法实施条例》

第七十四条　有下列情形之一的，属于恶意串通，对供应商依照政府采购法第七十七条第一款的规定追究法律责任，对采购人、采购代理机构及其工作人员依照政府采购法第七十二条的规定追究法律责任：

(一)供应商直接或者间接从采购人或者采购代理机构处获得其他供应商的相关情况并修改其投标文件或者响应文件；

(二)供应商按照采购人或者采购代理机构的授意撤换、修改投标文件或者响应文件；

(三)供应商之间协商报价、技术方案等投标文件或者响应文件的实质性内容；

(四)属于同一集团、协会、商会等组织成员的供应商按照该组织要求协同参加政府采购活动；

(五)供应商之间事先约定由某一特定供应商中标、成交；

(六)供应商之间商定部分供应商放弃参加政府采购活动或者放弃中标、成交；

(七)供应商与采购人或者采购代理机构之间、供应商相互之间，为谋求特定供应商中标、成交或者排斥其他供应商的其他串通行为。

(五)关键要点

了解政府采购过程中供应商串通投标的确定依据、严重程度，以及相应处罚措施。

(六)课堂计划建议

(1)总结我国政府采购过程中供应商串标行为特点。

(2)课堂讨论。

(七)案例答案建议

(1)B、C供应商的投标文件中"计划措施及售后服务"内容完全一致，且售后服务管理人签名均为B供应商的员工"张三"，构成串通投标行为。

(2)根据《政府采购法实施条例》第七十四条规定的七种恶意串通标准，该串标行为非恶意串标。

(3)按照《政府采购法》以及地方政府采购方面的法规，对串标供应商和单位直接负责的主管人员确定具体处罚措施。

# 案例二　供应商标书内容粘贴错误

## 一、案例正文

【摘要】本案例以某视频系统投标为例，从政府采购供应商管理角度，对政府采购供应商管理过程中供应商标书内容粘贴错误的问题进行分析。本案例反映了政府采购实践中，如何认定供应商有提供虚假材料的行为，需要进行废标或取消中标资格处理的情形，以及若中标无效是否需要进行重新招标的问题。本案例分析可以为规范政府采购供应商管理提供参考。

【关键词】标书错误　参数偏差　中标结果无效　中标无效

（一）案例背景

某采购代理机构受采购人委托，采购会议视频系统。采购结果公布后，采购人提出，第一中标候选供应商G公司的产品技术参数上存在偏差，不能满足招标文件要求，要求取消其中标结果，由第二中标供应商中标。

监管部门受理后，根据采购人的强烈要求，组织由采购人、代理机构等方面代表参加的调查组，制订调查方案，通过多种方法认真进行调查，包括查阅现场记录、调看现场录像、向原厂商发函要求提供技术参数证明、向评审专家调查取证等。

经调查，G供应商的投标产品在个别技术参数上确实有偏差，未完全响应招标文件要求。但评标委员会在评标过程中已经发现这个问题，并经现场研究，认为不是主要技术参数，不影响使用，可不作为负偏离。在评审时，专家均给予扣分处理。G公司承认，具体经办人在制作投标文件时发生粘贴错误，有个别指标出现负偏离，也有一些指标是正偏离。供应商及时承认错误，表示愿意积极改正错误，并承担相应的责任，采取补救措施，在原报价不变的情况下，完全满足招标文件的要求并履行合同。如果决定取消中标结果，供应商将认真吸取教训。代理机构多次与采购人沟通，提出2个解决方案：给予补偿或取消中标结果。但采购人均不同意。采购人提出，G供应商的行为严重违法，监管部门应认真调查，严肃处理。采购人要求废标，直接由得分排名第二的供应商中标。

（二）课堂讨论

根据现有证据，能否认定G公司违法提供虚假材料？这种情形是否可以作废标处理？能否认定中标结果无效？能否认定中标无效？可否取消G公司中标资格？

第一，根据现有证据，不能认定G公司违法提供虚假材料。此案中，如果不是对招标文件中打"＊"号、下划线等重要技术参数不响应,只能认定其部分技术指标有偏离、有失误。供应商没有如实说明情况,不能认定其"提供虚假材料",其性质属于有轻微错误或不诚信,但认定其违法依据不足。例如:一个人是大专学历,但在填写履历表时填了大学,是提供情况不实,属于不诚实;如果伪造学历,就属于造假,其性质不同。

第二,不符合法律规定的废标情形,废标理由不充分。《政府采购法》第三十六条规定,在4种情况下应予废标:一是符合专业条件的供应商或者对招标文件作实质性响应的供应商不足3家的。二是出现影响采购公正的违法、违规行为的。三是投标人的报价均超过了采购预算,采购人不能支付的。四是因重大变故,采购任务取消的。如果要废标,须由财政部门认定其违法,中标结果无效,取消中标资格。本案中,不能认定其违法,也不符合法律规定的废标情形,因此,不能做废标处理。

第三,不能认定中标结果无效。根据《政府采购货物和服务招标投标管理办法》(财政部令第87号)第六十三条规定,认定中标结果无效的关键是供应商的行为有无影响中标结果。从调查情况看,在评审过程中,评标委员会已经发现投标文件技术响应上存在偏差,但不影响用户使用。经研究"一致认为属轻微负偏离,应重点考虑性价比"。7位评审专家技术响应指标评审打分时均做了扣分处理,没有影响中标结果。

第四,不能认定中标无效。根据《政府采购货物和服务招标投标管理办法》(财政部令第87号)第六十七条,评标委员会或者其成员存在下列情形导致评标结果无效的,采购人、采购代理机构可以重新组建评标委员会进行评标,并书面报告本级财政部门,但采购合同已经履行的除外:①评标委员会组成不符合本办法规定的;②有本办法第六十二条第一至五项情形的;③评标委员会及其成员独立评标受到非法干预的;④有政府采购法实施条例第七十五条规定的违法行为的。在该案例中,并未发现评标委员会有上述过错,因此认定中标无效的法律依据不充分。

第五,取消G公司中标人资格依据不充分。《政府采购货物和服务招标投标管理办法》(财政部令第87号)第六十条规定,评标委员会认为投标人的报价明显低于其他通过符合性审查投标人的报价,有可能影响产品质量或者不能诚信履约的,应当要求其在评标现场合理的时间内提供书面说明,必要时提交相关证明材料;否则,评标委员会可以取消该投标人的中标候选资格。本案已经评审结束,如果要取消中标候选人资格,需要组织评标委员会重新进行评审。经重新评审后,如属于重大失误,才可以取消。

## 二、案例使用说明

### (一)教学目的与用途

(1)本案例教学目的在于使学生了解政府采购过程中供应商标书内容粘贴错误的处理方法、供应商投标产品技术参数偏差严重程度认定,了解中标无效不等同于中标结果无效,以及废标或中标无效的认定与处理。

(2)本案例主要适用于政府采购课程中辅助供应商管理教学。

### (二)启发与思考

(1)政府采购监管部门要积极宣传政府采购法及相关法律法规,不断提高采购人依法采购意识。

(2)依法采购,对采购人提出的要求,要依照法律,合理合法的可以满足,不合理不合法的不能迁就。

(3)中标无效与中标结果无效的区别。

### (三)分析思路

本案例的分析思路为,以政府采购供应商管理过程中相关法律为切入点,重点分析供应商具体投标标书的细节,以判断其是否具有提供虚假材料的行为,然后确认是否进行废标或者取消中标资格,以及中标无效是否需要重新招标,使学生通过案例认识到政府采购中供应商提供虚假材料行为的判定及处理方法。

### (四)法律依据

(1)《政府采购法》

第二十三条 采购人可以要求参加政府采购的供应商提供有关资质证明文件和业绩情况,并根据本法规定的供应商条件和采购项目对供应商的特定要求,对供应商的资格进行审查。

第七十一条 采购人、采购代理机构有下列情形之一的,责令限期改正,给予警告,可以并处罚款,对直接负责的主管人员和其他直接责任人员,由其行政主管部门或者有关机关给予处分,并予通报:

(一)应当采用公开招标方式而擅自采用其他方式采购的;

(二)擅自提高采购标准的;

(三)以不合理的条件对供应商实行差别待遇或者歧视待遇的;

(四)在招标采购过程中与投标人进行协商谈判的;

(五)中标、成交通知书发出后不与中标、成交供应商签订采购合同的;

(六)拒绝有关部门依法实施监督检查的。

第七十三条　有前两条违法行为之一影响中标、成交结果或者可能影响中标、成交结果的,按下列情况分别处理:

（一）未确定中标、成交供应商的,终止采购活动;

（二）中标、成交供应商已经确定但采购合同尚未履行的,撤销合同,从合格的中标、成交候选人中另行确定中标、成交供应商;

（三）采购合同已经履行的,给采购人、供应商造成损失的,由责任人承担赔偿责任。

第七十七条　供应商有下列情形之一的,处以采购金额千分之五以上千分之十以下的罚款,列入不良行为记录名单,在一至三年内禁止参加政府采购活动,有违法所得的,并处没收违法所得,情节严重的,由工商行政管理机关吊销营业执照;构成犯罪的,依法追究刑事责任:

（一）提供虚假材料谋取中标、成交的;

（二）采取不正当手段诋毁、排挤其他供应商的;

（三）与采购人、其他供应商或者采购代理机构恶意串通的;

（四）向采购人、采购代理机构行贿或者提供其他不正当利益的;

（五）在招标采购过程中与采购人进行协商谈判的;

（六）拒绝有关部门监督检查或者提供虚假情况的。

供应商有前款第（一）至（五）项情形之一的,中标、成交无效。

第七十九条　政府采购当事人有本法第七十一条、第七十二条、第七十七条违法行为之一,给他人造成损失的,并应依照有关民事法律规定承担民事责任。

(2)中华人民共和国财政部令第87号《政府采购货物和服务招标投标管理办法》

第六十条　评标委员会认为投标人的报价明显低于其他通过符合性审查投标人的报价,有可能影响产品质量或者不能诚信履约的,应当要求其在评标现场合理的时间内提供书面说明,必要时提交相关证明材料;投标人不能证明其报价合理性的,评标委员会应当将其作为无效投标处理。

第六十七条　评标委员会或者其成员存在下列情形导致评标结果无效的,采购人、采购代理机构可以重新组建评标委员会进行评标,并书面报告本级财政部门,但采购合同已经履行的除外:

（一）评标委员会组成不符合本办法规定的;

（二）有本办法第六十二条第一至五项情形的;

（三）评标委员会及其成员独立评标受到非法干预的;

（四）有政府采购法实施条例第七十五条规定的违法行为的。

有违法违规行为的原评标委员会成员不得参加重新组建的评标委员会。

（五）关键要点

了解政府采购过程中供应商标书内容错误严重程度、错误是否涉及重要技术参数，以及相应处理措施。

（六）课堂计划建议

（1）分类总结我国政府采购过程中供应商标书内容错误严重程度。

（2）课堂讨论。

（七）案例答案建议

（1）G公司标书确实存在产品参数偏差，但非主要技术参数，且评审时专家已经给予扣分处理，故不能认定其"提供虚假材料"，不能认定G公司违法。

（2）由于该案例不能认定G公司违法，故不符合法律规定的废标情形，不能做废标处理。

（3）专家评审时已对技术响应指标做出扣分处理，参数偏差没有影响中标结果，因此不能认定中标结果无效。

（4）由于并未发现评标委员会有导致中标无效过错的行为，因此认定中标无效的法律依据不充分。

（5）由于评审已经结束，除非重新评审确认属于重大失误才可以取消中标人资格。

（6）评标委员会按招标文件规定只推荐了1名中标候选供应商，因此若废标需重新招标。

# 案例三  供应商补交检测报告

## 一、案例正文

【摘要】本案例以某采购代理机构组织对动物疫病体系采购项目进行竞争性谈判为例，从供应商管理角度，对政府采购投标过程中供应商提交投标文件时应注意的问题进行分析。政府采购中，对供应商须提交的投标文件有严格要求，对投标文件补充、修改或撤回时间也存在一定限制。本案例分析可以为规范供应商及时提交合理投标文件行为提供参考。

【关键词】投标文件　实质性响应　补交报告

## （一）案例背景

**1. 基本情况**

某采购代理机构组织对动物疫病体系采购项目进行竞争性谈判。经谈判小组评审，推荐 A 公司成为成交候选人。谈判供应商之一的 S 公司就谈判结果提出质疑，认为成交候选人的产品"电池寿命"技术指标未通过省级以上检测部门检验，未实质性响应谈判文件要求。

经采购代理机构召集谈判小组及采购人代表进行复议，认定成交候选人 A 公司有关"电池寿命"检测项目未按谈判文件实质性要求进行响应，质疑成立。根据谈判小组复议意见，决定取消 A 公司成交候选人资格。

A 公司对采购代理机构做出的取消其成为候选人资格决定不满，向其提出质疑。采购代理机构答复，维持取消 A 公司成交候选人资格的决定。为此，A 公司向财政部门投诉。投诉人 A 公司认为，其谈判响应文件中没有提供国家指定检测机构电池寿命充放电 500 次以上的检测报告，是因为没有相关法律或规定需要检测该项指标，且公司在谈判响应文件中已经说明满足此项技术要求。经某省中心检测所补交检测报告，支持设备符合"电池寿命充放电 500 次以上"，所以对采购代理机构做出取消其成交候选人资格的决定不能接受。

**2. 调查与处理结果**

经查阅谈判文件，明确要求提供检测报告，是实质性要求。谈判文件第五章"项目需求"中明确："应符合某部关于《某技术规格及要求（试行）》规定的最低要求及某部的其他要求。谈判供应商需提供证明选用产品本项指标达到某部颁发标准的有效检验报告。"《某技术规格及要求（试行）》明确整机性能的要求是："电池寿命充放电 500 次以上。"

投诉人提供的附件"某省检测中心所作出的检验报告"，是在该项采购活动结束之后补测做出的，不符合谈判文件要求。

经组织谈判小组复议，复议意见认为，A 公司有关"电池寿命"检测项目未按谈判文件的实质性要求进行响应。谈判文件规定："如果谈判响应文件实质上没有响应本谈判文件的要求，谈判小组将予以拒绝。"

## （二）课堂讨论

供应商未按照谈判文件要求提供检测报告，之后补测是否有效？供应商按照自己理解递交的技术说明是否与检测报告具有同等效力？

参照《政府采购货物和服务招标投标管理办法》（财政部令第 87 号）的规定，投标人投标应当按照招标文件要求实质性响应,提供相关证明材料应当在投标截止时间之前,在截止时间之后提交的材料无效。

《政府采购货物和服务招标投标管理办法》(财政部令第 87 号)第三十二条规定:"投标人应当按照招标文件的要求编制投标文件。投标文件应对招标文件提出的要求和条件做出明确响应。"第三十三条规定:"投标人应当在招标文件要求提交投标文件的截止时间前,将投标文件密封送达投标地点。"第三十四条规定:"投标人在投标截止时间前,可以对所递交的投标文件进行补充、修改或者撤回,并书面通知采购人或者采购代理机构。补充、修改的内容应当按照招标文件要求签署、盖章、密封后,作为投标文件的组成部分。"

该案例中,在谈判响应文件接收截止时间,A 公司未提供"电池寿命充放电 500 次以上"的检验报告,即供应商在参加谈判时尚未取得谈判文件要求提供的实质性检测报告,成交之后再去补测是无效的。即使供应商在参加谈判时已经取得了检测报告,但其在谈判响应文件接收截止时间之前未按要求提供,同样无效。

## 二、案例使用说明

### (一)教学目的与用途

(1)本案例教学目的在于使学生了解投标过程中,供应商及时提交竞标所需投标文件的重要性,了解政府采购过程中供应商提交投标文件的规范要求及注意事项。

(2)本案例主要适用于政府采购课程中辅助供应商管理教学。

### (二)启发与思考

(1)供应商补交材料的有效性。

(2)使供应商及时递交所需招标文件的措施。

### (三)分析思路

本案例的分析思路为,以政府采购投标过程中相关法律法规为切入点,重点分析供应商的行为及其投诉理由是否有相关法律支撑,了解出现供应商补交投标文件等类似情形的处理方法,使学生充分认识投标过程中供应商提交投标文件时易出现的问题。

### (四)法律依据

(1)《政府采购法》

第二十二条　供应商参加政府采购活动应当具备下列条件:

(一) 具有独立承担民事责任的能力；
(二) 具有良好的商业信誉和健全的财务会计制度；
(三) 具有履行合同所必需的设备和专业技术能力；
(四) 有依法缴纳税收和社会保障资金的良好记录；
(五) 参加政府采购活动前三年内，在经营活动中没有重大违法记录；
(六) 法律、行政法规规定的其他条件。

采购人可以根据采购项目的特殊要求，规定供应商的特定条件，但不得以不合理的条件对供应商实行差别待遇或者歧视待遇。

(2) 中华人民共和国财政部令第 87 号《政府采购货物和服务招标投标管理办法》

第三十二条 投标人应当按照招标文件的要求编制投标文件。投标文件应当对招标文件提出的要求和条件作出明确响应。

第三十三条 投标人应当在招标文件要求提交投标文件的截止时间前，将投标文件密封送达投标地点。采购人或者采购代理机构收到投标文件后，应当如实记载投标文件的送达时间和密封情况，签收保存，并向投标人出具签收回执。任何单位和个人不得在开标前开启投标文件。

第三十四条 投标人在投标截止时间前，可以对所递交的投标文件进行补充、修改或者撤回，并书面通知采购人或者采购代理机构。补充、修改的内容应当按照招标文件要求签署、盖章、密封后，作为投标文件的组成部分。

(五) 关键要点

了解政府采购投标过程中供应商提交的投标文件须对招标文件要求做出实质性响应，以及提交投标文件时需要注意时间问题。

(六) 课堂计划建议

(1) 总结我国政府采购供应商提交投标文件时易出现的问题。
(2) 课堂讨论。

(七) 案例答案建议

(1) 供应商在参加谈判时尚未取得谈判文件要求提供的实质性检测报告，在成交候选供应商确定之后再去补测是无效的。

(2) 即使供应商在参加谈判时已经取得了检测报告，但其在谈判响应文件接收截止时间之前未按要求进行提供的，同样无效。

# 案例四　供应商提供的虚假材料不影响评标结果

## 一、案例正文

**【摘要】** 本案例以某招标采购活动为例，从供应商管理角度，对政府采购过程中供应商提供虚假材料的问题进行分析。政府采购本身不同于一般的市场民事交易行为，其资金来源具有特殊性，对供应商有更高的要求，供应商在参加政府采购活动中必须诚实信用，对自己提供的材料真实性负责。参加政府采购活动的供应商公司对其投标文件的真实性、合法性负有审慎审查义务。本案例分析可以为规范供应商投标文件提供参考。

**【关键词】** 虚假材料　评标　成交结果无效

### （一）案例背景

某采购代理机构在组织的招标采购活动刚结束就接到举报，反映中标供应商F公司提供的证明文件不实，属于提供虚假材料谋取中标。经财政部门调查，发现F公司确实存在提供虚假材料的行为。但评标委员会认为，F公司提供的这份虚假证明文件不影响评标结果。

原来，在此次招标采购活动中，F公司一共提供了10份证明材料，其中有9份均真实有效，只有一份证明文件是假的。评标委员会研究认为，F公司提供的这份虚假证明并不影响评标结果，即在此次招标采购活动中，如果F公司不提供这份虚假证明文件，根据评标委员会现场评分情况，也能够中标。

### （二）课堂讨论

供应商提供的虚假材料不影响评标结果时，应当怎样处理？

该案例中，供应商提供虚假材料的行为违反了政府采购法的相关规定，其性质是违法的，目的是为了谋取中标、成交。因此，不仅应当认定中标结果无效，还要依法进行处罚。

针对该类行为，《政府采购法》第七十七条有明确规定："供应商有下列情形之一的，处以采购金额千分之五以上千分之十以下的罚款，列入不良行为记录名单，在一至三年内禁止参加政府采购活动，有违法所得的，并处没收违法所得，情节严重的，由工商行政管理机关吊销营业执照；构成犯罪的，依法追究刑事责任。"而其中第（一）项情形就是："提供虚假材料谋取中标、成交的。"第七十七条规定："供应商有前款第（一）至（五）项情形之一的，中标、成交无效。"

本案例中，虽然F公司提供的10份材料中只有一份证明文件是虚假的，且评委会认为并不影响评标结果,但其提供虚假材料的目的是为了谋取中标、成交,已经构成了提供虚假材料谋取中标、成交的事实,其性质是违法的。因此,根据《政府采购法》第七十七条的规定,中标结果无效,并根据具体情况依法进行处罚。

## 二、案例使用说明

（一）教学目的与用途

(1)本案例教学目的在于使学生了解政府采购过程中,供应商出现提供虚假材料情况的处理问题。

(2)本案例主要适用于政府采购课程中辅助供应商管理教学。

（二）启发与思考

(1)本案例中供应商是否违法。

(2)供应商中标、成交结果有效性的认定。

(3)供应商提供虚假材料不影响评标结果或未中标的处罚问题。

（三）分析思路

本案例的分析思路为,以政府采购供应商管理过程中相关法律法规为切入点,重点看问题的性质,而不是结果。即主要看供应商行为是否违法,而不是看数量多少、对评标结果有无影响或影响多大,使学生充分认识供应商提供虚假材料行为的严重性。

（四）法律依据

《政府采购法》

第七十七条　供应商有下列情形之一的,处以采购金额千分之五以上千分之十以下的罚款,列入不良行为记录名单,在一至三年内禁止参加政府采购活动,有违法所得的,并处没收违法所得,情节严重的,由工商行政管理机关吊销营业执照;构成犯罪的,依法追究刑事责任:

（一）提供虚假材料谋取中标、成交的;

（二）采取不正当手段诋毁、排挤其他供应商的;

（三）与采购人、其他供应商或者采购代理机构恶意串通的;

（四）向采购人、采购代理机构行贿或者提供其他不正当利益的;

（五）在招标采购过程中与采购人进行协商谈判的;

（六）拒绝有关部门监督检查或者提供虚假情况的。

供应商有前款第（一）至（五）项情形之一的,中标、成交无效。

（五）关键要点

了解政府采购过程中供应商提交真实、有效材料的重要性,构成提供虚假材料谋取中标、成交实事的认定,以及认定过程中特殊情况(如虚假材料不影响评标结果等)的处理。

(六)课堂计划建议

(1)保证供应商材料真实性、有效性的建议。

(2)课堂讨论。

(七)案例答案建议

(1)供应商F公司提供了一份虚假材料,虽然不影响评标结果,但其目的是为了谋取中标、成交,构成提供虚假材料谋取中标、成交的事实,性质违法。

(2)由于供应商行为违法,其中标结果无效,并根据具体情况由财政部门对其进行处罚。

## 案例五 "唯一"的供应商

### 一、案例正文

【摘要】本案例以某项目公开招标为例,从供应商管理角度,对政府采购公开招标中有关投标供应商数目的问题进行分析。政府采购项目招标中,可能存在"潜在供应商特别少、极有可能出现投标供应商不足三家或实质性响应的供应商不足三家"的项目。本案例分析可以使学生初步了解投标供应商数目过少问题,以及为提高政府采购效率提供参考。

【关键词】竞争性谈判　成交候选人　采购效率

(一)案例背景

**1. 基本情况**

某采购代理机构组织对医疗科研设备采购项目进行公开招标,只有两家供应商投标。根据采购人申请,经财政部门同意,该项目改为竞争性谈判方式采购。经谈判,谈判小组认定S公司的产品不能满足谈判文件的实质性要求,于是推荐Z公司成为成交候选人。S公司提起质疑,因对采购代理机构的质疑答复不满意,向财政部门投诉。

投诉人认为,其生产的产品能够满足谈判文件的实质性要求,要求判定其为成交候选人,并提供了国家食品药品监督管理总局某市医疗器械质量监督检验中心出具的检测报告,认为其生产的产品是国产品牌,能够满足用户需求或能替代进口产品,且符合财政部《自主创新产品政府采购首购和订购管理办法》总则的要求,应该作为首购产品。

### 2.调查过程及结果

经查阅谈判文件,第四章明确要求"国内产品必须提供省级及以上计量检测部门出具的在有效期内的主要参数的检测报告原件(带至招标现场备查),如果是复印件必须经公证",该要求是谈判文件的实质性要求和条件。投诉人未能提供谈判文件要求的检测报告,也未能提供权威证明材料,谈判小组认定投诉人的产品不满足谈判文件要求并不存在不妥之处。

根据投诉内容和审查结果,依据《政府采购法》、《政府采购货物和服务招标投标管理办法》(财政部令第87号)、《政府采购质疑和投诉办法》,财政部门做出了处理决定:①驳回投诉人投诉请求;②本次采购结果无效,被投诉人应重新开展采购活动。

### (二)课堂讨论

采用竞争性谈判方式采购的依据。在竞争性谈判中,只有一家供应商符合条件时,谈判小组能否直接推荐其成为成交候选人?对于"投标供应商不足三家"项目的建议。

采用竞争性谈判方式采购的依据:根据《政府采购非招标采购方式管理办法》(财政部令第74号)第二十七条第二款的规定,公开招标的货物、服务采购项目,招标过程中提交投标文件或者经评审实质性响应招标文件要求的供应商只有两家时,采购人、采购代理机构按照《政府采购非招标采购方式管理办法》第四条,经采购人本级财政部门批准后可以与该两家供应商进行竞争性谈判采购。采购人需依照《政府采购非招标采购方式管理办法》第五条及第二十八条的规定,向财政部门提交申请材料,申请变更采购方式。

在竞争性谈判中,当只有一家供应商符合条件时,应当参照《政府采购货物和服务招标投标管理办法》(财政部令第87号)第四十三条规定的原则进行处理,投标截止后投标人不足3家或者通过资格审查或符合性审查的投标人不足3家的,除采购任务取消情形外,按照以下方式处理:(一)招标文件存在不合理条款或者招标程序不符合规定的,采购人、采购代理机构改正后依法重新招标;(二)招标文件没有不合理条款、招标程序符合规定,需要采用其他采购方式采购的,采购人应当依法报财政部门批准。即如果谈判文件没有不合理条款,谈判程序符合法律规定,可报经财政部门同意后改为单一来源采购方式采购;如果谈判文件存在不合理条款,或谈判程序不符合法律规定,应重新组织采购,不能直接推荐成交候选人。

就采购过程而言,本案存在违规行为。本次公开招标只有两家供应商投标,采购人申请将采购方式改为竞争性谈判。从采购过程来看,谈判小组在认定S公司的产品不能满足谈判文件的实质性要求后,采购活动应当依法终止,但谈判小组却继续进行并推荐了成交候选人 Z 公司;采购代理机构根据谈判小组的推荐,认定 Z 公司为成交候选人。谈判小组、采购代理机构的做法违反了《政府采购货物和服务招标投标管理办法》(财政部令第 87 号)第四十三条关于投标供应商数目的有关规定。

对于"投标供应商不足 3 家"项目的建议:为了提高政府采购效率,对于那些"潜在供应商特别少、极有可能出现投标供应商数目不足 3 家或者实质性响应供应商数目不足 3 家"的项目,建议采购代理机构提前做好备案,与监管部门做好沟通,确定好现场转方式的申请和审批相关事宜,并做好相应的竞争性谈判文件,在招标文件中也明确说明可能会出现这种情况,让投标供应商做好相关准备。

## 二、案例使用说明

### (一)教学目的与用途

(1)本案例教学目的在于使学生了解政府采购供应商管理过程中投标供应商数目过少问题,政府采购中供应商管理的相关要求、投标供应商过少的处理方式,以及防止此类问题出现的相关措施。

(2)本案例主要适用于政府采购课程中辅助供应商管理教学。

### (二)启发与思考

(1)采用竞争性谈判方式的依据。

(2)本案例中谈判小组做法是否符合规定。

(3)避免供应商过少问题发生的措施。

### (三)分析思路

本案例的分析思路为,以政府采购过程中供应商行为与相关法律法规为切入点,重点分析相关法律法规对供应商数目不足三家时的有关规定,了解竞争性谈判采购的条件,使学生充分认识投标供应商数目过少时容易出现的问题和处理方式。

### (四)法律依据

(1)《政府采购法》

第三十六条 在招标采购中,出现下列情形之一的,应予废标:

(一)符合专业条件的供应商或者对招标文件作实质响应的供应商不足三家的;

(二)出现影响采购公正的违法、违规行为的;

(三)投标人的报价均超过了采购预算,采购人不能支付的;

(四)因重大变故,采购任务取消的。

废标后,采购人应当将废标理由通知所有投标人。

(2)中华人民共和国财政部令第 94 号《政府采购质疑和投诉办法》

第二十九条 投诉处理过程中,有下列情形之一的,财政部门应当驳回投诉:

(一)受理后发现投诉不符合法定受理条件;

(二)投诉事项缺乏事实依据,投诉事项不成立;

(三)投诉人捏造事实或者提供虚假材料;

(四)投诉人以非法手段取得证明材料。证据来源的合法性存在明显疑问,投诉人无法证明其取得方式合法的,视为以非法手段取得证明材料。

(3)中华人民共和国财政部令第 87 号《政府采购货物和服务招标投标管理办法》

第四十三条 公开招标数额标准以上的采购项目,投标截止后投标人不足 3 家或者通过资格审查或符合性审查的投标人不足 3 家的,除采购任务取消情形外,按照以下方式处理:

(一)招标文件存在不合理条款或者招标程序不符合规定的,采购人、采购代理机构改正后依法重新招标;

(二)招标文件没有不合理条款、招标程序符合规定,需要采用其他采购方式采购的,采购人应当依法报财政部门批准。

第四十四条 公开招标采购项目开标结束后,采购人或者采购代理机构应当依法对投标人的资格进行审查。

合格投标人不足 3 家的,不得评标。

(五)关键要点

了解政府采购公开招标中投标供应商不足三家情况的处理方式,以及公开招标失败变更为竞争性谈判的法律依据。

(六)课堂计划建议

(1)思考从供应商数目问题方面提高政府采购效率的建议。

(2)课堂讨论。

(七)案例答案建议

(1)采用竞争性谈判方式采购的依据为《政府采购非招标采购方式管理办法》相关规定。

(2)从本案例采购过程来看,谈判小组在认定 S 公司的产品不能满足谈判文件的实质性要求后,采购活动应当依法终止。因此在该竞争性谈判中,谈判小组直接推荐"唯一"供应商成为成交候选人的做法不符合有关规定。

(3)建议采购代理机构提前做好备案,与监管部门做好沟通,确定好现场转换方式的申请和审批相关事宜,并让投标供应商做好相关准备。

# 案例六  供应商中标后放弃中标资格

## 一、案例正文

【摘要】本案例以某公务公车招标项目为例,对供应商放弃中标资格问题进行分析。供应商放弃中标资格不仅会影响政府采购项目后续进程,还会影响自身诚信度。除却自然灾害等不可抗力的特殊原因,供应商一旦放弃中标资格将会面临处罚。通过对供应商放弃中标资格的问题进行分析,使学生充分认识到政府采购招标、投标、评标管理的重要性。

【关键词】政府采购  放弃中标资格  行政处罚

（一）案例背景

2018年3月,受采购人委托,某采购代理机构就其所需2017年度公务用车更新项目进行招标,共4家供应商递交了投标文件。其中,A公司投标产品报价255.04万元,并在投标文件中承诺"我公司对本项目的投标产品交货期为合同签订生效后的30日内交付全部货物"。经评审,A公司中标。中标通知书发出后,A公司以生产厂家产能调整不能按时交货为由,以书面形式向采购人提出放弃中标请求。

该省财政部门在对该省政府采购活动实施财政监督检查时认为,生产厂家产能调整不能按时供货不属于不能预见、不能避免且不能克服的正当理由,A公司以此为由放弃中标系失信行为。因此将A公司的该行为记入诚信档案,有效期为1年。

（二）课堂讨论

(1)中标后,以无法按时交货为由放弃中标资格合理吗？

(2)什么情况下,中标供应商可以放弃中标资格？

## 二、案例使用说明

（一）教学目的与用途

(1)本案例教学目的在于使学生了解供应商放弃中标资格的法律问题、政府采购招标管理的相关法律问题、政府采购投标活动中的注意事项,以及政府采购评标中的细节要求。

(2)本案例主要适用于政府采购课程中关于招标管理的教学。

## 第二章 政府采购供应商管理案例

### (二)启发与思考

(1)投标单位放弃中标资格的原因。
(2)投标单位存在的法律方面的问题。
(3)评标中应注意的细节问题。

### (三)分析思路

本案例的分析思路为,以政府采购招标过程中供应商放弃中标资格的原因为切入点,重点分析放弃中标资格的法律问题和评标中的注意事项,使学生充分认识招标和投标管理的重要性和容易出现的问题。

### (四)法律依据

(1)《政府采购法》

第四十六条 采购人与中标、成交供应商应当在中标、成交通知书发出之日起三十日内,按照采购文件确定的事项签订政府采购合同。中标、成交通知书对采购人和中标、成交供应商均具有法律效力。中标、成交通知书发出后,采购人改变中标、成交结果的,或者中标、成交供应商放弃中标、成交项目的,应当依法承担法律责任。

第七十七条 供应商有下列情形之一的,处以采购金额千分之五以上千分之十以下的罚款,列入不良行为记录名单,在一至三年内禁止参加政府采购活动,有违法所得的,并处没收违法所得,情节严重的,由工商行政管理机关吊销营业执照;构成犯罪的,依法追究刑事责任:

(一)提供虚假材料谋取中标、成交的;
(二)采取不正当手段诋毁、排挤其他供应商的;
(三)与采购人、其他供应商或者采购代理机构恶意串通的;
(四)向采购人、采购代理机构行贿或者提供其他不正当利益的;
(五)在招标采购过程中与采购人进行协商谈判的;
(六)拒绝有关部门监督检查或者提供虚假情况的。

供应商有前款第(一)至(五)项情形之一的,中标、成交无效。

(2)《政府采购法实施条例》

第七十二条 供应商有下列情形之一的,依照政府采购法第七十七条第一款的规定追究法律责任:

(一)向评标委员会、竞争性谈判小组或者询价小组成员行贿或者提供其他不正当利益;
(二)中标或者成交后无正当理由拒不与采购人签订政府采购合同;
(三)未按照采购文件确定的事项签订政府采购合同;

(四)将政府采购合同转包；

(五)提供假冒伪劣产品；

(六)擅自变更、中止或者终止政府采购合同。

供应商有前款第一项规定情形的,中标、成交无效。评审阶段资格发生变化,供应商未依照本条例第二十一条的规定通知采购人和采购代理机构的,处以采购金额5‰的罚款,列入不良行为记录名单,中标、成交无效。

(3)《政府采购非招标采购方式管理办法》

第二十二条　除不可抗力等因素外,成交通知书发出后,采购人改变成交结果,或者成交供应商拒绝签订政府采购合同的,应当承担相应的法律责任。

成交供应商拒绝签订政府采购合同的,采购人可以按照本办法第三十六条第二款、第四十九条第二款规定的原则确定其他供应商作为成交供应商并签订政府采购合同,也可以重新开展采购活动。拒绝签订政府采购合同的成交供应商不得参加对该项目重新开展的采购活动。

第二十三条　在采购活动中因重大变故,采购任务取消的,采购人或者采购代理机构应当终止采购活动,通知所有参加采购活动的供应商,并将项目实施情况和采购任务取消原因报送本级财政部门。

第五十四条　成交供应商有下列情形之一的,责令限期改正,情节严重的,列入不良行为记录名单,在1至3年内禁止参加政府采购活动,并予以通报：

(一)未按照采购文件确定的事项签订政府采购合同,或者与采购人另行订立背离合同实质性内容的协议的；

(二)成交后无正当理由不与采购人签订合同的；

(三)拒绝履行合同义务的。

(4)《政府采购货物和服务招标投标管理办法》(中华人民共和国财政部令第87号)

第七十条　中标通知书发出后,采购人不得违法改变中标结果,中标人无正当理由不得放弃中标。

第七十一条　采购人应当自中标通知书发出之日起30日内,按照招标文件和中标人投标文件的规定,与中标人签订书面合同。所签订的合同不得对招标文件确定的事项和中标人投标文件作实质性修改。

第七十五条　采购人应当加强对中标人的履约管理,并按照采购合同约定,及时向中标人支付采购资金。对于中标人违反采购合同约定的行为,采购人应当及时处理,依法追究其违约责任。

(五)关键要点

了解政府采购招标、投标和评标中需要注意的细节问题,以及实践工作中容易出现的问题。

## 第二章 政府采购供应商管理案例

### (六)课堂计划建议

(1)总结我国政府采购管理的规律。

(2)课堂讨论。

### (七)案例答案建议

(1)一般来说,除因严重自然灾害和其他不可抗力事件外,中标供应商放弃中标是会遭受严重处罚的。《政府采购货物和服务招标投标管理办法》(财政部令第87号)第七十条、《政府采购法》第四十六条、《政府采购法实施条例》第七十二条等都规定中标或者成交后无正当理由拒不与采购人签订政府采购合同,或签了合同却不履行,都将依法承担法律责任。同时依照《政府采购法》第七十七条第一款的规定追究法律责任,即处以采购金额千分之五以上千分之十以下的罚款,列入不良行为记录名单,在一至三年内禁止参加政府采购活动;有违法所得的,并处没收违法所得;情节严重的,由工商行政管理机关吊销营业执照;构成犯罪的,依法追究刑事责任。诚实信用是政府采购活动的基本原则之一,A公司放弃中标资格,属于政府采购当事人的失信行为,不仅会损害采购人的合法权益,影响政府采购公信力,还会损害自身形象。本案中,财政部门将A公司失信行为予以公布或通报并记入诚信档案,处罚合理。

(2)中标供应商在放弃中标资格后,项目又该如何确定中标?《政府采购法实施条例》第四十九条规定,中标或者成交供应商拒绝与采购人签订合同的,采购人可以按照评审报告推荐的中标或者成交候选人名单排序,确定下一候选人为中标或者成交供应商,也可以重新开展政府采购活动。一种观点认为顺延至第二名中标是第一选择。这是从提高采购效率的角度出发的,为的是按时完成采购项目,尽可能避免重复操作,降低采购成本。另一种观点则认为,重新招标是第一选择。在没有调查清楚第一中标人弃标原因的情况下,不能轻易让第二候选人中标,在时间允许的情况下,重新招标是更优的选择。虽然重新招标会导致较高的经济成本和时间成本,但相对于调查中标人放弃中标的原因以及违法行为的取证成本,重新招标的相关成本是可以抵消的,故建议优先采取重新招标。两种观点都符合法律规定,都有理论基础和法律依据,但在具体实践中,应该对采购项目的紧急性、重新招标的时间成本、人员成本等因素进行考量后再确定。

综上,政府对中标单位放弃中标资格必须通过一定的惩罚手段以规范政府采购行为,同时后续采购进程需要根据实际情况来确定是选择顺延至第二名还是重新进行招标。

# 案例七  投标供应商投标产品品牌相同

## 一、案例正文

**【摘要】**本案例以某办公设备招标项目为例,从供应商管理角度对政府采购供应商管理过程中,供应商投标产品品牌相同问题进行分析。政府采购中对需采购货物有明确且严格的要求,受标书相关条款的限制,可能出现投标产品局限在少数几个甚至仅仅一个品牌的现象,此时应特别注意供应商是否有串通投标行为并且谨慎进行界定。本案例分析可以为规范供应商管理提供参考。

**【关键词】**串通投标  重新招标  条款合理性

（一）案例背景

### 1. 基本情况

某代理机构代理采购某一办公设备招标项目,经过资格审查和符合性检查后,所有投标人都顺利进入了评标环节,评标委员会按照招标文件规定的综合评分法进行评分。评分过程中,评标委员会发现所有投标人（八家）的投标产品都是某个品牌的产品,存在不同投标人在一个采购项目中提供相同品牌产品的情况。代理机构工作人员当时提醒评标专家可能存在投标人之间串通投标的情况,要仔细审查投标人的投标文件。

### 2. 调查经过及结果

评标委员会于是对所有投标人的投标文件进行仔细比对鉴别,发现除了招标文件要求的内容外,投标人的投标文件没有明显的雷同或者错误相同或者混杂等情况,保证金的提交未发现异常。评标现场无法确定投标人之间是否串通投标,根据相关规定和招标文件的规定,评标委员会继续评标。经过评分,A 投标人综合得分最高,排名第一。但按照相关规定,提供相同品牌产品的不同投标人按一家投标人计算,如果推荐中标候选人,却只能推荐 A 公司一家。招标文件明确规定推荐三家中标候选人,评标结果只能推荐一家,无法达到招标文件的要求。

该项目通过资格和符合性审查的有八家投标人,按照相关规定,提供相同品牌产品的不同投标人按一家投标人计算,实际上只有一家投标人,那么投标人不足三家,招标失败。评标专家认为本项目应废标,重新采购。

此时,采购人代表有不同意见,认为如果认定投标人不足三家,按照规定是不能开标的,而不是到评标将要结束了,推荐中标候选人时再认定投标人不足三家。现在进入评分环节的投标人有八家,不是一家,可以推荐一家中标候选人,A 公司应当被推荐为中标候选人。

评标专家经过讨论,认为推荐一家中标候选人不符合招标文件的要求,不接受采购人代表的意见。

针对所有投标人都投标一个品牌产品的问题,评标专家从招标文件的招标货物要求(采购需求)进行了分析,发现只有投标产品的品牌才能完全达到和满足招标货物要求中的多项要求,因此,所有供应商都选择这个品牌的产品来投标就不足为奇了。

(二)课堂讨论

所有投标人的投标产品都是同一品牌,投标人之间就是串通投标吗?招标文件条款不合理该如何处理?采购各方当事人该吸取哪些教训?

投标产品均为同一品牌不一定是串通投标:所有投标人的投标产品都是同一品牌,是值得注意的串通投标的线索和表面现象,但不能想当然认为就是串通投标或者以此来认定投标人就一定是串通投标。根据《政府采购法实施条例》第七十四条规定的七种属于恶意串通的情形和《政府采购货物和服务招标投标管理办法》(财政部令第87号)第三十七条规定的六种情形,视为投标人串通投标。本案例中,未发现串通投标或者视为串通投标的情形,无法在现场认定投标人之间存在串通投标。事实上,评标专家对招标文件的招标货物要求进行评审后,发现是由于招标要求指向了一个品牌的产品,投标人研究招标要求后,都使用同一品牌产品投标,并非投标人之间事先串通投标所致。

招标文件条款不合理应修改后重新招标。评标专家对招标文件进行审查后发现招标的货物要求中有多项要求只有投标产品的品牌才能完全达到和满足。《政府采购货物和服务招标投标管理办法》(财政部令第87号)第四十三条规定,公开招标数额标准以上的采购项目,投标截止后投标人不足三家或者通过资格审查或符合性审查的投标人不足三家的,除采购任务取消情形外,按照以下方式处理:招标文件存在不合理条款或者招标程序不符合规定的,采购人、采购代理机构改正后依法重新招标。本案例中,招标文件存在不合理的条款,导致所有投标人都提供相同品牌产品参加投标,依法计算后,投标人不足三家,采购人应修改招标文件后重新招标。

采购各方当事人应当吸取的教训:首先,采购人应当对采购标的的市场技术或者服务水平、供应等情况进行市场调查,根据调查情况科学、合理地确定采购需求。不要把某个潜在投标人按照自己将投标的品牌产品向采购人提供的技术参数和要求直接作为采购需求,而不进行任何市场调查。如此确定采购需求,往往中了某个潜在投标人控标的"坑",导致废标,造成浪费。采购人还可以通过专家对采购需求的论证或者征求相关供应商的意见来确定采购需求,避免采购需求指向单一品牌。

其次,采购代理机构对采购人提供的采购需求要进行必要的分析,不能只是复制粘贴了事,避免采购需求指向单一品牌,否则将前功尽弃。最后,潜在投标人对于只有某个单一品牌才能满足的采购需求,要依法提出质疑。有些潜在投标人明知采购需求有问题却不提出质疑,认为自己也可以在市场上找到满足采购需求的产品参加投标,对自己投标没有影响,心存侥幸,害怕提出质疑影响了与采购人和代理机构的关系,面子上不好。但受制于《政府采购货物和服务招标投标管理办法》(财政部令第87号)第三十一条的规定,能满足采购需求的投标产品不一定就是投标有效的,也可能是无效的或者不计算为投标人的。潜在投标人带着侥幸心理投标是不应该的,最后可能反受其害。

## 二、案例使用说明

### (一)教学目的与用途

(1)本案例教学目的在于使学生了解政府采购供应商行为界定的复杂性、政府采购过程中供应商串通投标行为的界定,以及招标文件条款不合理的处理方法。

(2)本案例主要适用于政府采购课程中辅助供应商管理教学。

### (二)启发与思考

(1)产品为同一品牌但非串通投标的认定。
(2)招标文件不合理条款的处理。
(3)对采购各方当事人的建议。

### (三)分析思路

本案例的分析思路为,以政府采购招标过程中供应商投标文件为切入点,重点分析供应商投标同一品牌产品的行为是否涉及法律规定的串标情形,若非串标行为,寻找投标产品品牌相同的原因并给出相关解决措施,使学生充分认识供应商投标过程的复杂性和容易出现的问题。

### (四)法律依据

(1)《政府采购法》

第三十六条 在招标采购中,出现下列情形之一的,应予废标:

(一)符合专业条件的供应商或者对招标文件作实质响应的供应商不足三家的;

(二)出现影响采购公正的违法、违规行为的;

(三)投标人的报价均超过了采购预算,采购人不能支付的;

(四)因重大变故,采购任务取消的。

废标后,采购人应当将废标理由通知所有投标人。

(2)中华人民共和国财政部令第87号《政府采购货物和服务招标投标管理办法》

第三十一条 采用最低评标价法的采购项目,提供相同品牌产品的不同投标人参加同一合同项下投标的,以其中通过资格审查、符合性审查且报价最低的参加评标;报价相同的,由采购人或者采购人委托评标委员会按照招标文件规定的方式确定一个参加评标的投标人,招标文件未规定的采取随机抽取方式确定,其他投标无效。

使用综合评分法的采购项目,提供相同品牌产品且通过资格审查、符合性审查的不同投标人参加同一合同项下投标的,按一家投标人计算,评审后得分最高的同品牌投标人获得中标人推荐资格;评审得分相同的,由采购人或者采购人委托评标委员会按照招标文件规定的方式确定一个投标人获得中标人推荐资格,招标文件未规定的采取随机抽取方式确定,其他同品牌投标人不作为中标候选人。

非单一产品采购项目,采购人应当根据采购项目技术构成、产品价格比重等合理确定核心产品,并在招标文件中载明。多家投标人提供的核心产品品牌相同的,按前两款规定处理。

第三十七条 有下列情形之一的,视为投标人串通投标,其投标无效:

(一)不同投标人的投标文件由同一单位或者个人编制;

(二)不同投标人委托同一单位或者个人办理投标事宜;

(三)不同投标人的投标文件载明的项目管理成员或者联系人员为同一人;

(四)不同投标人的投标文件异常一致或者投标报价呈规律性差异;

(五)不同投标人的投标文件相互混装;

(六)不同投标人的投标保证金从同一单位或者个人的账户转出。

第四十三条 公开招标数额标准以上的采购项目,投标截止后投标人不足3家或者通过资格审查或符合性审查的投标人不足3家的,除采购任务取消情形外,按照以下方式处理:

(一)招标文件存在不合理条款或者招标程序不符合规定的,采购人、采购代理机构改正后依法重新招标;

(二)招标文件没有不合理条款、招标程序符合规定,需要采用其他采购方式采购的,采购人应当依法报财政部门批准。

(3)中华人民共和国国务院令第658号《政府采购法实施条例》

第七十四条 有下列情形之一的,属于恶意串通,对供应商依照政府采购法第七十七条第一款的规定追究法律责任,对采购人、采购代理机构及其工作人员依照政府采购法第七十二条的规定追究法律责任:

(一)供应商直接或者间接从采购人或者采购代理机构处获得其他供应商的相关情况并修改其投标文件或者响应文件;

（二）供应商按照采购人或者采购代理机构的授意撤换、修改投标文件或者响应文件；

（三）供应商之间协商报价、技术方案等投标文件或者响应文件的实质性内容；

（四）属于同一集团、协会、商会等组织成员的供应商按照该组织要求协同参加政府采购活动；

（五）供应商之间事先约定由某一特定供应商中标、成交；

（六）供应商之间商定部分供应商放弃参加政府采购活动或者放弃中标、成交；

（七）供应商与采购人或者采购代理机构之间、供应商相互之间，为谋求特定供应商中标、成交或者排斥其他供应商的其他串通行为。

（五）关键要点

了解政府采购供应商管理的复杂性，判断供应商是否串通投标不能只看问题表面，寻找可能造成串标假象的问题并给出建议。

（六）课堂计划建议

(1)总结我国政府采购项目招标中可能造成串标假象的情形。

(2)课堂讨论。

（七）案例答案建议

(1)由于评标委员会对所有投标人投标文件内容及保证金提交过程未发现异常，造成投标产品品牌相同的原因是招标要求指向了一个品牌的产品，因此判定并供应商非串通投标。

(2)由于招标文件存在不合理的条款，导致所有投标人投标产品品牌相同，依法计算后，投标人不足三家，采购人应修改招标文件后重新招标。

(3)采购人应当对采购标的进行充分的市场调查，根据调查情况科学、合理地确定采购需求。采购代理机构对采购人提供的采购需求要进行必要的分析，避免采购需求指向单一品牌。潜在投标人对于只有某个单一品牌才能满足的采购需求，要依法提出质疑。

## 案例八　供应商参与前期论证和提供咨询服务参加投标

### 一、案例正文

【摘要】本案例以某项目公开招标为例，从供应商管理角度，对政府采购活动中采购人员及相关人员与供应商有利害关系的问题进行分析。政府采购应保证公平、公正，如果采购人员或评委、谈判小组成员、询价小组成员等与某一个或某几个供应商之间存在利害关系,就不能保证这些人在采购程序中,尤其在评审中公平、公正地对待所有供应商,从而影响评审结果。本案例分析可以为规范政府采购供应商管理提供参考。

**【关键词】**投标　公平公正　利害关系　投标资格

（一）案例背景

某行政机关委托采购代理机构对政府购买服务总项目中的第三方监督和评价项目进行公开招标,A供应商法定代表人自该项目立项之日起一直作为专家参与论证和进行咨询服务,随后该供应商又参加了此次投标并且中标。

合同履行一年后,又查出A供应商的法定代表人系采购代理机构股东的亲属（丈夫）,该供应商法定代表人承认自己确实是采购代理机构的实际出资人。在此次招标采购中,采购代理机构与供应商明知双方存在利害关系但均未回避。

（二）课堂讨论

分析本案例的违规之处并给出处理方式。

根据本案例所述情况,存在以下两处违规之处:一是本项目中标供应商的法定代表人系采购代理机构的实际出资人,反过来讲就是,采购代理机构的股东是中标供应商的法定代表人。《政府采购法实施条例》第九条规定:"在政府采购活动中,采购人员及相关人员与供应商有下列利害关系之一的,应当回避:……（三）参加采购活动前3年内是供应商的控股股东或者实际控制人;……"因此,本项目的采购代理机构应当依法回避。二是本项目中标供应商的法定代表人一直作为专家参与本项目的论证并提供了相关咨询服务。《政府采购法实施条例》第十八条第二款规定:"除单一来源采购项目外,为采购项目提供整体设计、规范编制或者项目管理、监理、检测等服务的供应商,不得再参加该采购项目的其他采购活动。"因此,本项目的中标供应商原本就不具有参加投标的资格。

对本案例中违规行为处置方式:一是根据《政府采购法实施条例》第七十条的规定,对应该回避而不回避的采购代理机构,由财政部门给予警告,并处2000元以上2万元以下的罚款。二是根据《政府采购法实施条例》第七十一条第二款"政府采购当事人有其他违反政府采购法或者本条例规定的行为,经改正后仍然影响或者可能影响中标、成交结果或者依法被认定为中标、成交无效的,依照前款规定处理"之规定进行处理,即政府采购合同已经履行,给采购人、供应商造成损失的,由责任人承担赔偿责任。关于是否可以认定采购代理机构与供应商之间存在恶意串通的问题,需要进一步举证,因为《政府采购法实施条例》第七十四条对"何为采购人或采购代理机构与供应商之间存在恶意串通"有明确定义。而针对是否可以确认本项目中标、成交无效,或者建议终止合同的问题,如果经过分析,终止中标合同不会导致损失进一步扩大,监管部门可以根据《政府采购法》第五十条第二款的规定,认定本政府采购合同继续履行将损害国家利益和社会公共利益,并做出终止合同的决定。

## 二、案例使用说明

### (一)教学目的与用途

(1)本案例教学目的在于使学生了解政府采购过程中保证公平、公正的重要性,采购人员及相关人员与供应商存在利害关系的认定及处理措施。

(2)本案例主要适用于政府采购课程中辅助供应商管理教学。

### (二)启发与思考

(1)代理机构存在的问题。

(2)供应商存在的问题。

(3)可以做出终止合同决定的情况。

### (三)分析思路

本案例的分析思路为,以政府采购招标过程中采购人员及相关人员和供应商的关系为切入点,重点分析其中是否存在利害关系,若存在利害关系但未回避依法应如何处理,使学生充分认识招标和投标过程中供应商间公平竞争的重要性。

### (四)法律依据

(1)《政府采购法》

第五十条　政府采购合同的双方当事人不得擅自变更、中止或者终止合同。

政府采购合同继续履行将损害国家利益和社会公共利益的,双方当事人应当变更、中止或者终止合同。有过错的一方应当承担赔偿责任,双方都有过错的,各自承担相应的责任。

(2)中华人民共和国国务院令第658号《政府采购法实施条例》

第九条　在政府采购活动中,采购人员及相关人员与供应商有下列利害关系之一的,应当回避:

(一)参加采购活动前3年内与供应商存在劳动关系;

(二)参加采购活动前3年内担任供应商的董事、监事;

(三)参加采购活动前3年内是供应商的控股股东或者实际控制人;

(四)与供应商的法定代表人或者负责人有夫妻、直系血亲、三代以内旁系血亲或者近姻亲关系;

(五)与供应商有其他可能影响政府采购活动公平、公正进行的关系。

供应商认为采购人员及相关人员与其他供应商有利害关系的,可以向采购人或者采购代理机构书面提出回避申请,并说明理由。采购人或者采购代理机构应当及时询问被申请回避人员,有利害关系的被申请回避人员应当回避。

第十八条 单位负责人为同一人或者存在直接控股、管理关系的不同供应商,不得参加同一合同项下的政府采购活动。

除单一来源采购项目外,为采购项目提供整体设计、规范编制或者项目管理、监理、检测等服务的供应商,不得再参加该采购项目的其他采购活动。

第七十条 采购人员与供应商有利害关系而不依法回避的,由财政部门给予警告,并处 2000 元以上 2 万元以下的罚款。

第七十四条 有下列情形之一的,属于恶意串通,对供应商依照政府采购法第七十七条第一款的规定追究法律责任,对采购人、采购代理机构及其工作人员依照政府采购法第七十二条的规定追究法律责任:

(一)供应商直接或者间接从采购人或者采购代理机构处获得其他供应商的相关情况并修改其投标文件或者响应文件;

(二)供应商按照采购人或者采购代理机构的授意撤换、修改投标文件或者响应文件;

(三)供应商之间协商报价、技术方案等投标文件或者响应文件的实质性内容;

(四)属于同一集团、协会、商会等组织成员的供应商按照该组织要求协同参加政府采购活动;

(五)供应商之间事先约定由某一特定供应商中标、成交;

(六)供应商之间商定部分供应商放弃参加政府采购活动或者放弃中标、成交;

(七)供应商与采购人或者采购代理机构之间、供应商相互之间,为谋求特定供应商中标、成交或者排斥其他供应商的其他串通行为。

(五)关键要点

了解政府采购过程中公平、公正的重要性,采购人员及相关人员和供应商间利害关系的认定,存在利害关系但未进行回避的处罚措施。

(六)课堂计划建议

(1)总结政府采购供应商管理过程中避免利害关系的措施。

(2)课堂讨论。

(七)案例答案建议

(1)采购代理机构的股东是中标供应商的法定代表人,应依法回避,但本项目的采购代理机构未依法回避。

(2)本项目中标供应商的法定代表人一直作为专家参与本项目的论证并提供

了相关咨询服务,依法不得再参加该采购项目的其他采购活动。因此,本项目的中标供应商原本就不具有参加投标的资格。

(3)若终止中标合同不会导致损失进一步扩大,监管部门可以根据《政府采购法》第五十条第二款的规定,认定本政府采购合同继续履行将损害国家利益和社会公共利益,并做出终止合同的决定。

# 第三章　政府采购代理机构管理案例

## 案例一　某县教学及生活用房改造工程施工采购

### 一、案例正文

【摘要】本案例以某县职业教育中心对教学及生活用房进行改造、委托某代理公司采购为例，对采购代理机构的行为进行分析。本案例分析可以为政府采购代理机构管理工作提供参考。

【关键词】政府采购　采购代理　资质

（一）案例背景

1. 工程概况

某县职业教育中心预对教学及生活用房进行改造，资金来源为上级下拨的专项资金。该工程招标控制价经县财政部门评审，金额约为 168 万元。2019 年 5 月，职业教育中心经财政部门审核同意，采用竞争性谈判方式对图纸范围内的所有工作内容进行采购，要求投标单位须具备建设行政主管部门核发的建筑工程施工总承包三级（含三级）以上及建筑装修装饰工程专业承包二级（含二级）以上资质，拟派项目经理须具备建筑工程专业二级及以上注册建造师执业资格，具备有效的安全生产考核合格证书，且目前无其他在建工程项目。职业教育中心委托某政府采购代理公司代理招标，并与该代理公司签订合同。该工程内容为防水处理约 2700 平方米，外墙粉刷（真石漆）约 1.21 万平方米。

2. 采购过程

2019 年 5 月 24 日，代理公司在全国公共资源交易平台系统发布采购公告，告知各供应商在该平台下载某县职业教育中心教学及生活用房改造工程的招标文件等资料，资料包括施工图纸及招标文件、工程量清单。截至 2019 年 5 月 30 日，共有七家建筑工程公司报名并下载了招标文件等资料。截至 2019 年 6 月 14 日 9 时 00 分，七家供应商均提交了投标文件，后在该县财政部门及市公共资源交易中心工作人员监督下，在市公共资源交易中心举行谈判会议，谈判会议由三名专家组成，三名专家均在省政府采购专家库内进行随机抽选，按照竞争性谈判文件规定的谈判和评比办法对各供应商的响应文件进行了评审,并按谈判文件约定最终确定了成交供应商。尔后该市公共资源交易中心收到关于该代理公司泄漏有关采购信息的投诉。市公共资源交易中心要求该县财政部门进行了调查,最终确定投诉属实,该采购无效,行政部门对该代理公司进行处理,并要求采购人重新采购。

(二)课堂讨论

某县职业教育中心教学及生活用房改造工程招标采购中存在的问题。

该项目采购中主要存在以下两个方面的问题:

(1)代理合同约定不明确。采购人与该代理公司签订的代理合同中,约定工作内容为发布采购公告、起草采购文件、办理入场、组织评审、发布成交公示等,但实际采购人委托代理公司开展工作前,明确该项目招标控制价也由该代理公司编制。实际采购过程中,代理公司认为收到的政府采购代理服务费太少,要求成交供应商在领取成交通知书时,除谈判文件约定的代理服务费外,需额外缴纳招标控制价编制费用 5000 元。该行为已超越采购人赋予其的委托权限。

(2)代理公司没有工程造价咨询资质。经调查,该代理公司并无造价咨询资质,该工程招标控制价由外部聘请的专业人员编制完成,经主管部门查询,盖章的造价工程师执业单位也不是该代理公司。该行为违反了《工程造价咨询企业管理办法》第四条"工程造价咨询企业应当依法取得工程造价咨询企业资质,并在其资质等级许可的范围内从事工程造价咨询活动"的规定。

## 二、案例使用说明

(一)教学目的与用途

(1)本案例的教学目的在于使学生了解政府采购过程中代理机构管理的重要性、政府采购代理机构工作的规范性要求,以及代理机构工作过程中应当遵守的法律法规。

(2)本案例主要适用于政府采购课程中辅助代理机构管理教学。

(二)启发和思考

(1)该代理公司违反了哪些方面的法律规定?

(2)该代理公司在本项采购工作中应当具备的资质。

(三)分析思路

本案例的分析思路为,以政府采购过程中代理机构的管理为切入点,重点分析代理机构在代理过程中应当遵循的法律规定,使学生充分认识代理机构在政府采购过程中的职能和容易出现的问题。

### (四) 法律依据

(1)《政府采购法》

第二十五条 政府采购当事人不得相互串通损害国家利益、社会公共利益和其他当事人的合法权益;不得以任何手段排斥其他供应商参与竞争。供应商不得以向采购人、采购代理机构、评标委员会的组成人员、竞争性谈判小组的组成人员、询价小组的组成人员行贿或者采取其他不正当手段谋取中标或者成交。采购代理机构不得以向采购人行贿或者采取其他不正当手段谋取非法利益。

(2)《政府采购法实施条例》(国务院令第658号)

第十六条 政府采购法第二十条规定的委托代理协议,应当明确代理采购的范围、权限和期限等具体事项。采购人和采购代理机构应当按照委托代理协议履行各自义务,采购代理机构不得超越代理权限。

### (五) 关键要点

了解政府采购过程中代理机构管理的重要性,以及代理机构在代理过程中需要遵守的法律规定和容易出现的细节问题。

### (六) 课堂计划建议

(1)总结政府采购工作中代理机构的工作流程以及《政府采购法》中的相关规定。

(2)课堂讨论。

### (七) 案例答案建议

该代理公司不具有工程造价咨询资质,因此不具备代理该项政府采购招标的资格,同时在招标过程中违规收受代理服务费。该采购结果无效,应当重新委托具有资质的代理公司,并对原代理公司涉嫌违法问题进行调查。

案例来源:某市政府采购案例库。

## 案例二 某大赛赛事服务项目采购

### 一、案例正文

【摘要】本案例以某镇政府委托某代理公司采购某大赛赛事服务为例,对该代理公司在采购该服务过程中的出借资质行为进行分析。本案例分析可以为政府采购代理机构管理工作提供参考。

【关键词】政府采购 赛事服务 出借资质

(一)案例背景

1. 工程概况

某县下属某镇人民政府承办的某大赛赛事服务项目,经县财政部门审批,委托政府采购代理机构采用竞争性磋商采购方式。预算金额为88万元,采购内容为该大赛会务执行服务各个环节的线下执行工作,包括领域晋级赛、决赛、签约仪式、颁奖典礼及展览展示等环节全程的执行,包括场地选址、布场、物料及设备、摄影、摄像、网络直播、人员接待、大赛全程影像资料采集剪辑留存等工作。供应商需符合《政府采购法》第二十二条的规定,并具有经年检合格的企业三证合一营业执照(经营范围须与采购内容相符)。

2. 招标投标过程

本次采购采用竞争性磋商方式,由代理公司全程负责采购工作。2020年10月29日,招标代理机构在县财政部门完成前期的审核手续,10月30日在省政府采购网、省政府购买服务信息平台发布了磋商公告。在规定时间内,共有七家供应商到代理公司免费领取了磋商文件。11月9日,根据磋商公告安排,七家供应商均提交了响应文件,当日14时00分在代理公司的会议室准时召开了磋商会议,并选定了成交供应商。11月10日,代理公司在省政府采购网、省政府购买服务信息平台发布了采购结果公告。11月11日,采购人就收到成交供应商外的另一提交响应文件的供应商的质疑,称代理公司存在借用资质、替换作业人员等违法行为。采购人收到质疑后,与县财政部门进行了沟通,共同组成了调查组,对投诉事宜进行了调查,经调查投诉属实,对代理公司的违法行为处以罚款,并上报市级财政部门,禁止其一年内代理政府采购业务。

(二)课堂讨论

某县下属镇承办某大赛赛事服务项目招标采购中存在的问题。

该项目采购中主要存在以下两个方面的问题:

(1)代理公司出借资质。经调查组查询为该项目采购提供服务的工作人员社保登记信息,两名工作人员均不是该代理公司员工。调查组与两名工作人员、代理公司法人代表及管理人员分别进行了谈话,了解到该代理公司并未参与该项目采购工作,实际为出借其资质,收取一定比例的管理费。实际作业人员并未成立公司,而是专门借用其他公司资质从事政府采购及招标代理业务。上述行为违反了《政府采购代理机构管理暂行办法》(财库〔2018〕2号)第十一条"代理机构代理政府采购业务应当具备以下条件:(一)具有独立承担民事责任的能力;(二)建立完善的政府采购内部监督管理制度;(三)拥有不少于五名熟悉政府采购法律法规、具备编制采购文件和组织采购活动等相应能力的专职从业人员;(四)具备独立办公场所和代理政府采购业务所必需的办公条件;(五)在自有场所组织评审工作的,应当具备必要的评审场地和录音录像等监控设备设施并符合省级人民政府规定的标准"的规定。

(2)实际作业人员与代理合同约定不符。代理合同中明确该项目负责人为陈某,陈某具有一级造价工程师及招标师资格证书,采购人当时认为陈某具有丰富的理论知识和采购经验,才委托其代理该采购业务。但调查发现,陈某为借用该代理公司资质,并非该公司员工。而且陈某接到该代理业务后,并未按照代理合同开展工作,而是认为该代理业务非常简单,就将工作转交其下属其他两名人员进行处理,自己当起了"甩手掌柜"。上述行为违反了《政府采购代理机构管理暂行办法》(财库〔2018〕2号)第十四条"代理机构应当严格按照委托代理协议的约定依法依规开展政府采购代理业务"的规定。

## 二、案例使用说明

### (一)教学目的与用途

(1)本案例教学目的在于使学生了解政府采购过程中代理机构管理的重要性、政府采购代理机构工作的规范性要求,以及代理机构工作过程中应当遵守的法律法规。

(2)本案例主要适用于政府采购课程中辅助代理机构管理教学。

### (二)启发和思考

(1)该代理公司是否可以出借资质?

(2)该代理违反了哪些方面的法律规定?

### (三)分析思路

本案例的分析思路为,以政府采购过程中代理机构的管理为切入点,重点分析代理机构在代理过程关于出借资质的问题和委托代理协议的法律效力,使学生充分认识代理机构在政府采购过程中的职能和容易出现的问题。

### (四)法律依据

《政府采购代理机构管理暂行办法》(财库〔2018〕2号)

第十一条 代理机构代理政府采购业务应当具备以下条件:(一)具有独立承担民事责任的能力;(二)建立完善的政府采购内部监督管理制度;(三)拥有不少于五名熟悉政府采购法律法规、具备编制采购文件和组织采购活动等相应能力的专职从业人员;(四)具备独立办公场所和代理政府采购业务所必需的办公条件;(五)在自有场所组织评审工作的,应当具备必要的评审场地和录音录像等监控设备设施并符合省级人民政府规定的标准。

第十四条　代理机构应当严格按照委托代理协议的约定依法依规开展政府采购代理业务,相关开标及评审活动应当全程录音录像,录音录像应当清晰可辨,音像资料作为采购文件一并存档。

(五)关键要点

了解政府采购过程中代理机构管理的重要性,以及代理机构在代理过程中需要遵守的法律规定和容易出现的细节问题。

(六)课堂计划建议

(1)总结政府采购工作中代理机构的工作流程以及《政府采购法》中的相关规定。

(2)课堂讨论。

(七)案例答案建议

该代理公司并未参与该项目采购工作,实际为出借其资质,收取一定比例的管理费,这是违反法律规定的行为。同时,代理公司违反代理协议的相关规定,其项目负责人并非该公司工作人员,因此本次采购无效。同时,应当根据相关法律规定,对该代理公司违法行为进行处理。

案例来源:某市政府采购案例库。

## 案例三　某研究院设备采购及安装项目

### 一、案例正文

**【摘要】**本案例以某研究院进行信息系统社会采购和安装,委托政府采购代理公司进行采购为例,对该代理公司在采购过程中是否有权力以质疑事项之外的理由改变结果为例,对代理公司在采购过程中的行为进行分析。本案例分析可以为政府采购代理机构管理工作提供参考。

**【关键词】**政府采购　质疑事项　改变采购结果

(一)案例背景

**1. 工程概况**

2016年10月30日,Z招标公司接受某研究院委托,就该研究院"信息系统设备采购及安装项目"组织公开招标工作。11月14日,采购人确认了招标文件。同日,Z招标公司在中国政府采购网上发布了招标公告。招标文件发售日期为11月14日至11月20日,共有三家供应商购买了招标文件。12月10日投标截止,三家投标人均按时递交了投标文件。Z 招标公司、采购人和投标人代表参加了开标仪式。

**2. 采购过程**

经评审,评标委员会按综合评分由高到低的顺序向招标人推荐 B 公司为中标候选人。Z 招标公司在得到采购人对评标结果的确认后,在中国政府采购网发布了 B 公司中标的中标公告。随后,投标人 A 公司对本次评标结果提出质疑,称:在本次投标中,A 公司报价最低,中标人报价最高,而各供应商技术水平相当,按分数推算,A 公司价格分比中标单位高,理应中标。Z 招标公司在收到质疑后,组织了原评标委员会进行复核。12 月 21 日,Z 招标公司告知采购人该项目质疑复核中发现中标人 B 公司的投标文件存在真实性问题,项目有效投标人不足三家,应做废标处理,采购人回函确认同意。Z 招标公司于 12 月 25 日发布废标公告,同时向 A 公司发出质疑回复。A 公司对此质疑答复不满,向财政部门提出投诉。

**(二)课堂讨论**

某研究院信息系统设备采购及安装项目存在的问题。

本案的焦点问题是,采购代理机构能否以质疑事项之外的理由改变采购结果。经财政部门调查后发现,Z 招标公司在收到投诉人质疑后,组织了原评标委员会进行复核。复核过程中,发现有证据表明,中标候选人 B 公司的投标资信证明的真实性存疑。Z 招标公司于 12 月 14 日向 B 公司投标文件中资信证明开具行发函确认中标人资信证明的真实性,当日,该行回函声明未出过该资信证明。12 月 21 日,Z 招标公司告知采购人该项目质疑复核中发现中标人的投标文件存在真实性问题,项目有效投标人不足三家,应做废标处理,采购人回函确认。Z 招标公司于 12 月 25 日发布废标公告。

财政部门认为:《政府采购货物和服务招标投标管理办法》(财政部令第 18 号)第七十四条规定,"投标人'提供虚假材料谋取中标的',中标无效";第八十二条规定,"有本办法规定的中标无效情形的,由同级或其上级财政部门认定中标无效";《财政部关于进一步规范政府采购评审工作有关问题的通知》(财库〔2012〕69 号)规定,"质疑答复导致中标或成交结果改变的,采购人或采购代理机构应当将相关情况报财政部门备案"。根据上述规定,本项目发现中标供应商提供虚假材料谋取中标的违法违规情形,属于质疑事项之外的内容,应由财政部门认定中标无效。综上,财政部门做出投诉处理决定:本项目中标人 B 公司提供虚假材料的情况不属于质疑事项,因此,应按《政府采购货物和服务招标投标管理办法》(财政部令第 18 号)第八十二条的规定,报财政部门认定项目中标无效。招标采购单位自行认定中标无效并废标,属于适用法律法规错误,行为无效。中标供应商提供虚假材料,违反了《政府采购货物和服务招标投标管理办法》(财政部令第 18 号)第七十四条的规定,决定取消 B 公司的中标资格,并做出列入不良行为记录名单,在一年内禁止参加政府采购活动的行政处罚。

## 二、案例使用说明

### (一)教学目的与用途

(1)本案例教学目的在于使学生了解政府采购过程中代理机构管理的重要性、政府采购代理机构工作的规范性要求,以及代理机构工作过程中应当遵守的法律法规。

(2)本案例主要适用于政府采购课程中辅助代理机构管理教学。

### (二)启发和思考

(1)代理公司应当如何处理质疑事项问题?

(2)代理公司是否有权力以质疑事项之外的理由改变采购结果?

### (三)分析思路

本案例的分析思路为,以政府采购过程中代理机构的管理为切入点,重点分析代理机构在代理过程中应当遵循的法律规定,使学生充分认识代理机构在政府采购过程中的职能和容易出现的问题。

### (四)法律依据

(1)《政府采购法》

第四十二条 采购人、采购代理机构对政府采购项目每项采购活动的采购文件应当妥善保存,不得伪造、变造、隐匿或者销毁。采购文件的保存期限为从采购结束之日起至少保存十五年。

(2)《政府采购货物和服务招标投标管理办法》(财政部令第 18 号)

第七十四条 投标人"提供虚假材料谋取中标的",中标无效。

(3)《政府采购货物和服务招标投标管理办法》(财政部令第 18 号)

第八十二条 有本办法规定的中标无效情形的,由同级或其上级财政部门认定中标无效。

(4)《财政部关于进一步规范政府采购评审工作有关问题的通知》(财库〔2012〕69 号)的规定:质疑答复导致中标或成交结果改变的,采购人或采购代理机构应当将相关情况报财政部门备案。

### (五)关键要点

了解政府采购过程中代理机构管理的重要性,以及代理机构在代理过程中需要遵循的法律规定和容易出现的细节问题。

### (六) 课堂计划建议

(1) 总结政府采购工作中代理机构的工作流程以及《政府采购法》中的相关规定。

(2) 课堂讨论。

### (七) 案例答案建议

本项目中标人 B 公司提供虚假材料的情况不属于质疑事项,因此应按《政府采购货物和服务招标投标管理办法》(财政部令第 18 号)第八十二条的规定,报财政部门认定项目中标无效。招标采购单位自行认定中标无效并废标,属于适用法律法规错误,行为无效。中标供应商提供虚假材料,违反了《政府采购货物和服务招标投标管理办法》(财政部令第 18 号)第七十四条的规定,决定取消 B 公司的中标资格,并做出列入不良行为记录名单,在一年内禁止参加政府采购活动的行政处罚。

案例来源:http://www.ccgp.gov.cn/aljd/201611/t20161121_7605940.htm。

## 案例四　某办公楼装修改造工程采购

### 一、案例正文

【摘要】本案例以某市级税务机关对办公楼装修改造,委托政府采购代理公司进行采购为例,对该代理公司在采购过程中未妥善保存采购资料的行为进行分析。本案例分析可以为政府采购代理机构管理工作提供参考。

【关键词】政府采购　代理　资料保存

(一) 案例背景

**1. 工程概况**

2019 年,某市级税务机关预对其办公楼进行装修改造,委托某政府采购代理公司进行竞争性磋商采购。该项目采购预算为 370 万元,要求供应商具有建设行政主管部门颁发的建筑装修装饰工程专业承包二级及以上资质或建筑工程施工总承包三级及以上资质、合格有效的安全生产许可证;拟派项目经理具有本单位注册的建筑工程专业二级及以上注册建造师证、安全生产考核合格证书,且无不良信用记录,无在建工程。该办公楼共三层,砖混结构,建筑面积约 1725 平方米,工作内容为对办公楼水电、室内外装修、安防信息化、暖通等进行维修改造,同时对室外绿化及路面进行维修改造,工期为合同签订之日起 45 个日历日。

**2. 采购过程**

本次采购采用竞争性磋商方式,由代理公司全程负责采购工作。2019 年 11

月15日,招标代理机构在市财政部门完成前期审核手续,11月16日在省政府采购网、省政府购买服务信息平台发布了磋商公告。在规定时间内,共有14家供应商到代理公司免费领取了磋商文件。11月25日,根据磋商公告安排,共有11家供应商提交了响应文件,上午9:30,在代理公司的会议室准时召开了磋商会议,并选定了成交供应商。11月26日,代理公司在省政府采购网、省政府购买服务信息平台发布了采购结果公告。2020年7月20日,市审计局开展的2019年度预算执行情况专项审计要求采购人提供该项目的采购资料,采购人与代理公司联系,发现所有供应商的响应文件电子版均丢失。

(二)课堂讨论

某市级税务机关对办公楼装修改造采购中存在的问题。

该项目采购中主要存在以下问题:

代理公司未按代理合同保存响应文件。该项目采购代理合同明确约定代理公司应妥善保存采购文件,采购人在采购过程中还口头提醒过代理公司,该项目后期极有可能会面临审计,要求代理公司要完整保存所有采购资料。但因为该代理公司代理的项目较多,项目负责人未能将重要性传递到具体工作人员,最终导致电子版响应文件因保管不善而丢失。上述行为违反了《政府采购法》第四十二条"采购人、采购代理机构对政府采购项目每项采购活动的采购文件应当妥善保存,不得伪造、变造、隐匿或者销毁。采购文件的保存期限为从采购结束之日起至少保存十五年"的规定。后来审计机关在审计报告中提出了未妥善保存电子版响应文件问题,采购人根据合同追究了该代理公司的违约责任。

## 二、案例使用说明

(一)教学目的与用途

(1)本案例教学目的在于使学生了解政府采购过程中代理机构管理的重要性、政府采购代理机构工作的规范性要求,以及代理机构工作过程中应当遵守的法律法规。

(2)本案例主要适用于政府采购课程中辅助代理机构管理教学。

(二)启发和思考

(1)代理公司保存投标文件的相关规定。

(2)该代理公司在本项采购工作中的违法行为。

(三)分析思路

本案例的分析思路为,以政府采购过程中代理机构的管理为切入点,重点分析代理机构在代理过程中应当遵循的法律规定,使学生充分认识代理机构在政府采购过程中的职能和容易出现的问题。

### （四）法律依据

《政府采购法》

第四十二条　采购人、采购代理机构对政府采购项目每项采购活动的采购文件应当妥善保存，不得伪造、变造、隐匿或者销毁。采购文件的保存期限为从采购结束之日起至少保存十五年。

### （五）关键要点

了解政府采购过程中代理机构管理的重要性，以及代理机构在代理过程中需要遵循的法律规定和容易出现的细节问题。

### （六）课堂计划建议

(1)总结政府采购工作中代理机构的工作流程以及《政府采购法》中的相关规定。
(2)课堂讨论。

### （七）案例答案建议

政府采购过程中，代理机构必须遵循相关法律规定，对与招投标有关的相关资料文件进行妥善保管，而该代理公司未尽到相关法律义务，导致最后该项采购未通过审计部门相关审计。因此，应当对代理机构的违法行为和违反合同规定的行为追究其相应责任。

案例来源：某市政府采购案例库。

## 案例五　某供应站维修改造采购

### 一、案例正文

【摘要】本案例以某县住建局对某供热站进行维修改造，委托政府采购代理公司进行采购为例，对该代理公司在采购过程中的采购文件进行分析。本案例分析可以为政府采购代理机构管理工作提供参考。

【关键词】政府采购　代理　采购文件

（一）案例背景

**1. 工程概况**

因原设备及配套设施老化严重，某县住建局预对某供热站进行维修改造，预算金额约98万元。2020年7月，县住建局作为采购人，委托某政府采购代理公司采用竞争性谈判方式进行公开采购。采购内容主要为一台电热锅炉（360 kW供水温度85 ℃，回水温度60 ℃）及其配套设备设施、室外采暖管道采购及安装，五栋采暖公寓楼内采暖管道及散热器的采购与安装等工作内容，要求最终成交供应商应在合同签订合同后一个月内完成全部工作内容。

## 2.采购过程

本次采购采用竞争性谈判方式,由代理公司全程负责采购工作。2020年7月8日,代理公司在政府采购网及市公共资源交易平台网站发布了谈判公告。7月10日,领取谈判文件的一家供应商提出异议,认为竞争性谈判公告中的资质要求设置不合理,且竞争性谈判文件内容不全。代理公司收到质疑后,立刻向采购人汇报。经采购人核实,并电话咨询相关专家,认为代理公司工作内容确有失误,对代理公司提出口头批评,并要求代理公司马上联系主管部门发布终止公告。7月10日下午,代理公司在政府采购网和市公共资源交易平台网站同时发布终止公告。7月13日,代理公司对谈判公告及谈判文件内容进行了修改,并重新发布。截至7月17日,共有五家供应商领取了谈判文件。7月23日,五家供应商均提交了响应文件,并参加了在市公共资源交易中心指定会议室召开的谈判会议,最终确定了成交供应商。7月24日,代理公司在政府采购网及市公共资源交易平台网站发布了采购结果公告。7月30日,采购人与成交供应商签订了合同。

## (二)课堂讨论

某县住建局在某供热站维修改造采购中存在的问题。

该项目第一次发布的谈判公告及谈判文件中主要存在以下两个问题:

(1)资质要求设置不合理。第一次发布的谈判公告要求供应商资格条件为符合《政府采购法》第二十二条的规定,并提供所供产品制造厂商的特种设备制造许可证(锅炉)B级及以上资质、提供特种设备安装改造维修许可证(锅炉)二级及以上资质、特种设备安装改造维修许可证(压力管道)GB二级及以上资质;须具备建筑机电专业承包或机电总承包三级及以上资质,且具有合法有效的安全生产许可证;拟派项目经理具有机电工程二级(含)以上注册建造师证及安全考核B证,且无在建项目,并提供项目经理在本单位近6个月的社保证明。领取谈判要件的一家供应商对该资格要求提出质疑,认为自己是经营商,不需提供特种设备制造许可证,只要能提供进场设备材料的合格证明、制造商的资质、复检报告等资料即可。采购人、采购代理公司经与主管部门沟通,并咨询专家,认为该供应商提出的质疑合理,于是在第二次发布的谈判公告中修改了相关资格要求。

(2)谈判文件内容不全。第一次发布的谈判文件中,"供应商须知前附表"要求供应商在谈判报价表中标明完成本次谈判所要求的货物、服务并验收至合格的所有费用,包括设备(产品)费、运杂费(含保险)、安装费、质保期维护、政府采购代理服务费、税金等其他一切相关费用,但整个谈判文件没明确政府采购代理服务费计费标准。采购人及代理公司认为该供应商提出的质疑合理,于是在第二次发布的谈判文件中,对政府采购代理服务费计费标准进行了明确。

## 二、案例使用说明

### (一)教学目的与用途

(1)本案例教学目的在于使学生了解政府采购过程中代理机构管理的重要性、政府采购代理机构工作的规范性要求,以及代理机构工作过程中应当遵守的法律法规。

(2)本案例主要适用于政府采购课程中辅助代理机构管理教学。

### (二)启发和思考

(1)代理公司设置供应商资质要求是否合理。

(2)谈判文件内容的完整性要求。

### (三)分析思路

本案例的分析思路为,以政府采购过程中代理机构的管理为切入点,重点分析代理机构在代理过程中应当遵循的法律规定,使学生充分认识代理机构在政府采购过程中的职能和容易出现的问题。

### (四)法律依据

(1)《政府采购法》

第三十八条第二款 制定谈判文件。谈判文件应当明确谈判程序、谈判内容、合同草案的条款以及评定成交的标准等事项。

(2)《政府采购法实施条例》(国务院令第658号)

第三十二条 采购人或者采购代理机构应当按照国务院财政部门制定的招标文件标准文本编制招标文件。招标文件应当包括采购项目的商务条件、采购需求、投标人的资格条件、投标报价要求、评标方法、评标标准以及拟签订的合同文本等。

### (五)关键要点

了解政府采购过程中代理机构管理的重要性,以及代理机构在代理过程中需要遵循的法律规定和容易出现的细节问题。

### (六)课堂计划建议

(1)总结政府采购工作中代理机构的工作流程以及《政府采购法》中的相关规定。

(2)课堂讨论。

### (七)案例答案建议

本案例中,代理公司对资质要求设置不合理。采购代理公司应当与主管部门沟通,并咨询专家后,重新制定资质要求。针对谈判文件内容不全的情况,应当予以完善,明确代理服务费的计费标准。

案例来源:某市政府采购案例库。

# 案例六　某高校学生公寓物业管理服务采购

## 一、案例正文

【摘要】本案例以某高校委托政府采购代理公司对学生公寓物业管理服务进行采购为例,对该代理公司在采购过程中采购文件的资质设置及评审要素进行分析。本案例分析可以为政府采购代理机构管理工作提供参考。

【关键词】政府采购　资质设置　评审要素

（一）案例背景

1. 工程概况

某政府采购代理公司受某高校委托,对该高校其中一个校区的学生公寓物业管理服务进行政府采购,预算金额为135.5万元。采购内容为学生公寓物业服务项目,包括公共区域清扫、值班、安保、水电暖小型维修及特殊时期（新生入学、毕业生离校）等全面管理服务。服务范围为：某大学东1楼—东3楼、HY楼等共4栋学生公寓。要求物业总服务人数不少于45人,服务期为1年。除要求供应商出具合法有效的营业执照、组织机构代码证、税务登记证外,还要求供应商须具有建设主管部门颁发的三级及以上物业服务资质。

2. 政府采购过程

本次采购采用竞争性磋商方式,由代理公司全程负责采购工作。2015年10月19日,代理公司在政府采购网、代理公司网站及该高校网站同时发布采购公告。截至10月23日,共有七家供应商购买了磋商文件。10月27日,其中一家供应商提出质疑,认为磋商文件涉嫌排斥潜在供应商。代理公司收到质疑后,与采购人进行沟通,认为工作内容确有失误,并于10月28日发布终止公告。后采购人认为该代理公司工作不认真、不细致,根据代理合同约定解除合同,最终委托其他代理公司于当年11月完成了采购。

（二）课堂讨论

某高校学生公寓物业管理服务采购中存在的问题。

该磋商文件主要存在以下两个问题：

（1）资质设置涉嫌排斥潜在供应商。磋商文件要求供应商提供2014年度经审计的财务会计报告,包括审计报告、资产负债表、利润表、现金流量表、所有者权益变动表及其附注。其中一家供应商认为该要求不合理,其公司成立不足一年,无法出具2014年度财务会计报告,但其认为符合《政府采购法》第二十二条的规定。代理公司与采购咨询相关专家后,认为该供应商质疑合理,磋商文件要求供应商必须提供 2014 年度经审计的财务会计报告不符合《政府采购法》第二十二条"采购人可以根据采购项目的特殊要求,规定供应商的特定条件,但不得以不合理的条件对供应商实行差别待遇或者歧视待遇"的规定。采购人重新采购时将该要求变更为"提供 2014 年度经审计的财务会计报告,包括审计报告、资产负债表、利润表、现金流量表、所有者权益变动表及其附注,成立时间至提交响应文件截止时间不足一年的可提供成立后任意时段的资产负债表"。

(2)评审要素及分值设置涉嫌排斥外地供应商。磋商文件的"评审要素及分值一览表"中"业绩"的评分要素为:提供 2014 年 9 月 1 日以来第一批次录取的本科大学(一本)的物业服务项目业绩(以合同签订日期为准,并加盖供应商公章的合同关键页复印件为计分依据)每提供一份得 2 分,满分 8 分。该供应商认为只承认"一本"大学的业绩涉嫌实行歧视待遇,不符合《政府采购法》第二十二条"采购人可以根据采购项目的特殊要求,规定供应商的特定条件,但不得以不合理的条件对供应商实行差别待遇或者歧视待遇"的规定。采购人重新采购时将该要求变更为"提供 2017 年 9 月 1 日以来同类项目业绩(以合同签订日期为准,并加盖供应商公章的合同关键页复印件为计分依据),每提供一份得 2 分,满分 8 分"。

## 二、案例使用说明

### (一)教学目的与用途

(1)本案例教学目的在于使学生了解政府采购过程中代理机构管理的重要性、政府采购代理机构工作的规范性要求,以及代理机构工作过程中应当遵守的法律法规。

(2)本案例主要适用于政府采购课程中辅助代理机构管理教学。

### (二)启发和思考

(1)该代理公司对供应商的资质设置要求是否合理?

(2)该代理公司评审要素及分值设置是否合理?

### (三)分析思路

本案例的分析思路为,以政府采购过程中代理机构的管理为切入点,重点分析代理机构在代理过程中应当遵循的法律规定,使学生充分认识代理机构在政府采购过程中的职能和容易出现的问题。

### (四)法律依据

《政府采购法》

第二十二条 采购人可以根据采购项目的特殊要求,规定供应商的特定条件,但不得以不合理的条件对供应商实行差别待遇或者歧视待遇。

（五）关键要点

了解政府采购过程中代理机构管理的重要性，以及代理机构在代理过程中需要遵循的法律规定和容易出现的细节问题。

（六）课堂计划建议

(1)总结政府采购工作中代理机构的工作流程以及《政府采购法》中的相关规定。

(2)课堂讨论。

（七）案例答案建议

该代理公司关于供应商资质的设置标准以及采购过程中评审要素和分值设置的标准均存在排斥部分供应商的行为，违反了政府采购法的相关规定。因此，采购人认为该代理公司工作不认真、不细致，根据代理合同约定解除合同的行为完全合理。

案例来源：某市政府采购案例库。

# 案例七　某单位 IT 设备采购

## 一、案例正文

【摘要】本案例以某采购人委托代理机构实施 IT 设备政府采购为例，对该采购过程中由于中标候选供应商违约引发的一系列行为进行分析。本案例分析可以为政府采购代理机构管理工作提供参考。

【关键词】投标保证金　放弃中标　违约责任

（一）案例背景

### 1. 工程概况

2018 年 3 月，某单位拟采购一批 IT 设备，经主管部门批准后，委托招标代理公司采用公开招标方式进行政府采购，并按照招标程序发布相关公告。经过相关法定程序后，A 公司最后中标。

### 2. 违约发生过程

中标通知书发出第 3 天，排名第一的中标候选供应商提出因代理产品调整，导致无法按时供货为由，决定放弃中标。其后，采购人与排名第二的中标候选供应商签订了政府采购合同。而排名第二的中标候选供应商的报价，比第一中标候选供应商的报价高出 110 万元。之后，政府采购项目虽然正常履行，但是采购人对采购代理机构不满意。在采购人代表看来,在此次采购中,放弃中标的供应商可能是违法的,但是代理机构也有责任,因为在合同签订之前代理机构就擅自退还了排名第一的中标候选供应商的投标保证金。

在 2019 年的监督检查中,相关人员就提出,该项目为什么没有与第一中标候选人签订合同?采购人代表反馈,这是因为第一中标供应商放弃中标,才与第二中标候选供应商签订了中标合同。于是,相关工作人员就提出:没收的投标保证金去哪里了?因为监督检查中发现的问题,采购人代表对该项目的代理机构意见就更大了。

(二)课堂讨论

某采购人采购 IT 设备项目中存在的问题。

该项目运行过程中主要存在两个问题:

(1)供应商的缔约过失责任。《政府采购法》第四十六条明确规定,中标、成交通知书对采购人和中标、成交供应商均具有法律效力。中标、成交通知书发出后,采购人改变中标、成交结果的,或者中标、成交供应商放弃中标、成交项目的,应当依法承担法律责任。《政府采购货物和服务招标投标管理办法》第七十条规定:"中标通知书发出后,采购人不得违法改变中标结果,中标人无正当理由不得放弃中标。"本案例中,中标通知书发出后,供应商单方面放弃中标资格,应当依法承担法律责任。那么其应当承担何种法律责任呢?《政府采购法》第四十三条规定,政府采购合同适用合同法。同时根据《中华人民共和国招标投标法》第四十五条规定,中标通知书对招、投标双方具有法律效力。该法律约束力是拘束采购人和中标人签订合同的法律约束力,对这种法律强制力的违反应承担合同订立过程中的缔约过失责任。本案例中,供应商放弃中标资格,不与采购人签订合同,导致双方之间合同不能缔结,应承担缔约过失责任。

(2)代理机构未没收放弃中标供应商的投标保证金,有可能构成违约。《政府采购法实施条例》第十六条规定,采购人和采购代理机构应当按照委托代理协议履行各自义务,采购代理机构不得超越代理权限。代理机构在采购过程中应当履行代理协议约定的义务,否则构成违约。《政府采购货物和服务招标投标管理办法》第二十条明确规定,招标文件应当包括的主要内容有"不予退还投标保证金的情形"。通常情况下,放弃中标资格会被列入不予退还投标保证金的情形。如果招标文件含有了不予退还保证金的条款,而代理机构在供应商放弃中标资格的情形下依然退还投标保证金,极有可能构成违约。当然,具体还要看招标文件中是否明确将放弃中标列为不予退还投标保证金的情形,也要看委托代理协议约定的具体内容。如果委托代理协议已经规定将严格执行招标文件,而招标文件中也含有不予退还保证金的条款,那么代理机构的行为就构成违约。

## 二、案例使用说明

### (一)教学目的与用途

(1)本案例教学目的在于使学生了解政府采购过程中代理机构管理的重要性、政府采购代理机构工作的规范性要求,以及代理机构工作过程中应当遵守的法律法规。

(2)本案例主要适用于政府采购课程中辅助代理机构管理教学。

### (二)启发和思考

(1)中标供应商的行为是否违法?应当承担哪些责任?

(2)代理机构未没收中标供应商投标保证金的行为是否违约?

### (三)分析思路

本案例的分析思路为,以政府采购过程中代理机构的管理为切入点,重点分析代理机构在代理过程中应当遵循的法律规定,使学生充分认识代理机构在政府采购过程中的职能和容易出现的问题。

### (四)法律依据

(1)《政府采购货物和服务招标投标管理办法》(财政部令第87号)

第二十条第二款 招标文件应当包括的主要内容有不予退还投标保证金的情形。

第七十条 中标通知书发出后,采购人不得违法改变中标结果,中标人无正当理由不得放弃中标。

(2)《招标投标法》

第四十五条 中标人确定后,招标人应当向中标人发出中标通知书,并同时将中标结果通知所有未中标的投标人。

中标通知书对招标人和中标人具有法律效力。中标通知书发出后,招标人改变中标结果的,或者中标人放弃中标项目的,应当依法承担法律责任。

(3)《政府采购法实施条例》

第十六条第二款 采购人和采购代理机构应当按照委托代理协议履行各自义务,采购代理机构不得超越代理权限。

### (五)关键要点

了解政府采购过程中代理机构管理的重要性,以及代理机构在代理过程中需要遵循的法律规定和容易出现的细节问题。

### (六)课堂计划建议

(1)总结政府采购工作中代理机构的工作流程以及《政府采购法》中的相关规定。

(2)课堂讨论。

### (七)案例答案建议

本案例中,供应商放弃中标资格,不与采购人签订合同,导致双方之间合同不能缔结,应承担缔约过失责任。对于代理公司而言,如果委托代理协议已经规定将严格执行招标文件,而招标文件中也含有不予退还保证金条款,那么代理公司的行为就构成违约。

案例来源:http://www.caigou2003.com/cz/aldp/4752180.html.

## 案例八  某中学预对学校室外管网进行改造采购工程

### 一、案例正文

**【摘要】**本案例以某中学预对学校室外管网进行改造,委托招标代理公司对该工程进行采购为例,对该采购过程进行分析。本案例分析可以为政府采购代理机构管理工作提供参考。

**【关键词】**政府采购  串通

#### (一)案例背景

**1. 工程概况**

某中学预对学校室外管网进行改造,预算约475万元,经主管部门批准,采用公开招标方式进行采购。施工内容包括:校园围墙内(不含操场部分)的室外道路铺装;强电、弱电线缆敷设;室外给排水及消防管道、室外污水管道、室外雨水管道;室外热力管道敷设等。要求投标人具备建设部门颁发的建筑工程施工总承包三级(含三级)以上资质,具有有效的安全生产许可证;拟委派项目经理须具有相关专业二级(含二级)以上注册建造师资质并具有安全生产考核合格证,在本单位注册且无在建工程。合同履行期限为2018年11月01日至2020年12月31日(具体服务起止日期可随合同签订时间相应顺延)。

**2. 招标投标过程**

本次采购采用公开招标方式,由招标代理公司负责该工程的招投标活动。2016年10月9日,代理公司在政府采购网发布招标公告,报名时间为2016年10月09日至2016年10月14日(9:00—12:00,14:00—18:00,节假日除外)。截至2016年10月14日,共有11家潜在投标人购买了招标文件。2016年10月27日,招标代理公司发布了招标控制价的总价,及各单位工程总造价及措施费等内容。在投标截止时间前,10家投标人提交了投标文件。2016年10月31日14:30,在招标代理公司指定会议室,准时召开了开标及评标会议。2016年11月1日,根据评标委员会评审结论和采购人的"定标复函",招标代理公司发布了中标结果公告,确定了中标人。2019年6月,上级审计机关在一次审计过程中,延伸审计到该项目,并出具了投标人疑似串通围标的取证单。

(二)课堂讨论

某中学预对学校室外管网进行改造采购工程中存在的问题。

该招标主要有以下问题:

审计机关出具的取证单写明,审计发现该工程中标人及另两家投标人的技术标投标文件,"拟投入该项目的设备"内容中,三家投标人的设备序号、设备名称、品牌、产地完全一致,疑似串通围标。该中学收到取证单后,及时将该线索反映至政府采购主管部门。政府采购主管部门就对该工程招标资料进行了检查,发现除审计部门反映的问题外,还有中标单位的清单计价文件与招标控制价计价文件中的补充材料编号、名称完全一致的情形。政府采购主管部门当即展开调查,与相关人员进行谈话了解情况。最终查明该招标代理公司在开标前将招标控制价计价文件电子版泄漏了给中标人,中标人为保证中标,与其他两家投标人串通围标的事实。上述行为违反了《招标投标法》第三十二条"投标人不得相互串通投标报价,不得排挤其他投标人的公平竞争,损害招标人或者其他投标人的合法权益。投标人不得与招标人串通投标,损害国家利益、社会公共利益或者他人的合法权益"的规定。政府采购主管部门依据相关法律法规对招标代理公司、三家投标人、代理公司相关责任人进行了处理,并上报上级主管部门,进行了通报。

## 二、案例使用说明

(一)教学目的与用途

(1)本案例教学目的在于使学生了解政府采购过程中代理机构管理的重要性、政府采购代理机构工作的规范性要求,以及代理机构工作过程中应当遵守的法律法规。

(2)本案例主要适用于政府采购课程中辅助代理机构管理教学。

(二)启发和思考

(1)招标代理公司是否存在串通围标的行为?

(2)对于串通围标的行为应当如何处理?

(三)分析思路

本案例的分析思路为,以政府采购过程中代理机构的管理为切入点,重点分析代理机构在代理过程中应当遵循的法律规定,使学生充分认识代理机构在政府采购过程中的职能和容易出现的问题。

## （四）法律依据

(1)《招标投标法》

第三十二条　投标人不得相互串通投标报价，不得排挤其他投标人的公平竞争，损害招标人或者其他投标人的合法权益。投标人不得与招标人串通投标，损害国家利益、社会公共利益或者他人的合法权益。禁止投标人以向招标人或者评标委员会成员行贿的手段谋取中标。

(2)《中华人民共和国刑法》

第二百二十三条　【串通投标罪】投标人相互串通投标报价，损害招标人或者其他投标人利益，情节严重的，处三年以下有期徒刑或者拘役，并处或者单处罚金。投标人与招标人串通投标，损害国家、集体、公民的合法利益的，依照前款的规定处罚。

## （五）关键要点

了解政府采购过程中代理机构管理的重要性，以及代理机构在代理过程中需要遵循的法律规定和容易出现的细节问题。

## （六）课堂计划建议

(1)总结政府采购工作中代理机构的工作流程以及《政府采购法》中的相关规定。

(2)课堂讨论。

## （七）案例答案建议

该案例中，招标代理公司与供应商串通投标，损害了国家利益、社会公共利益或者他人的合法权益，政府采购主管部门应当依据相关法律法规对招标代理公司、三家投标人、代理公司相关责任人进行处理，并上报上级主管部门进行通报。

案例来源：某市政府采购案例库。

# 第四章 政府采购合同管理案例

## 案例一 补充协议内容违背合同实质性条款

### 一、案例正文

**【摘要】** 本案例以某区政府(以下称"采购人")通过公开招标方式采购某监控设备安装工程,在签订采购合同过程中未完全按照招标文件内容订立合同导致后期产生争议为例,对政府采购过程中签订合同应注意的问题进行分析。本案例分析可以为政府采购合同管理工作提供参考。

**【关键词】** 政府采购 公开招标 采购合同 实质性条款

(一)案例背景

1. 工程概况

为进一步加强安防管理,某采购人委托某集中采购中心以公开招标方式采购某监控设备安装工程。本项目的采购预算为600万元。招标文件中合同条款约定该监控设备安装工程需在90日内交货并安装调试完毕,分三次付款,付款比例分别为合同签订后预付款30%、设备进场再付30%、安装完毕并调试完成付款至合同金额的95%,剩下5%作为质量保证金,待质保期满后无息支付。后经公开招标,A公司成为成交供应商,成交金额588万元,A公司供应监控设备为X品牌。

2. 采购过程

采购成交公示期满后,采购人就该采购项目与A公司订立了采购合同,并在政府采购行政主管部门进行了备案(以下称"备案合同")。

备案合同签订后,在尚未支付预付款的情况下,采购人项目代表提出X品牌与当地主流设备品牌不一致,会影响后期与其他设备兼容问题,且因项目紧急,需要缩短设备供货周期,但可以提高预付款比例。

后双方签订补充协议,协议约定合同金额不变,但该批监控设备采用Y品牌,改为60日内交货并安装调试完毕,付款比例分别改为预付款60%、设备进场付至合同金额80%、安装完毕并调试完成付款至合同金额的95%,剩下5%作为质量保证金,待质保期满后无息支付。后来上级政府采购行政主管部门在巡查政府采购项目时,发现该项目实际执行合同与备案合同实质性条件差异较大,责令整改。

(二)课堂讨论

某区政府采购某监控设备安装工程项目合同管理中存在的问题。

该合同签订执行过程中主要的问题就是项目实际执行合同与备案合同实质性条件差异较大的问题。

关于实质性条款,合同法是具有明确规定的。对于政府采购而言,实质性条款主要包括采购标的物、采购数量、采购质量标准、采购价款、履行期限、履行地点、履行方式、违约责任、解决争议方法。而在该采购合同执行过程中,双方实际执行的标的物由 X 品牌变成 Y 品牌的监控设备,履行期限更改为 60 日内,采购价款支付方式和支付周期也发生变化,也就是说,实际执行合同和备案合同实质性条款出现很大差异。

## 二、案例使用说明

(一)教学目的与用途

(1)本案例教学目的在于使学生了解政府采购过程中采购合同管理的重要性、政府采购合同签订和执行的规范性要求,以及政府采购合同签订和执行过程中应当遵守的法律法规。

(2)本案例主要适用于政府采购课程中辅助政府采购合同管理教学。

(二)启发和思考

(1)该项目采购合同执行过程中出现了哪些问题?

(2)政府采购合同在签订补充协议时应当遵循的法律规定。

(三)分析思路

本案例的分析思路为,以政府采购过程中合同签订与合同执行的管理为切入点,重点分析政府采购合同签订和执行过程中应当遵循的法律规定,使学生充分认识政府采购合同签订和执行过程中容易出现的问题。

(四)法律依据

(1)《政府采购法》

第四条　政府采购工程进行招标投标的,适用招标投标法。

(2)《招标投标法》

第四十六条　招标人和中标人应当自中标通知书发出之日起三十日内,按照招标文件和中标人的投标文件订立书面合同。招标人和中标人不得再行订立背离合同实质性内容的其他协议。

### (五)关键要点

了解政府采购过程中采购合同管理的重要性,以及采购合同在签订和执行过程中需要遵循的法律规定和容易出现的细节问题。

### (六)课堂计划建议

(1)总结政府采购工作中政府采购合同签订和合同执行的管理,以及《政府采购法》中的相关规定。

(2)课堂讨论。

### (七)案例答案建议

该案例主要涉及关于《政府采购法》《招标投标法》《合同法》(现为《民法典》)的运用问题。本案例中设备品牌、付款比例等实质性条款均被签订的补充协议所修改,与备案合同中实质性条款相背离。本案例中签订的补充协议,应属于无效情形,备案合同应属于本案例采购的法定效力合同,因此合同签订双方应当按照原备案合同执行。

案例来源:某市政府采购案例库。

## 案例二 合同签订时效性

### 一、案例正文

【摘要】本案例以某市集中采购机构通过公开招标方式采购某专利设备,在签订采购合同过程中合同签订时效性为例,对政府采购过程中签订合同时应注意的问题进行分析。本案例分析可以为政府采购合同管理工作提供参考。

【关键词】政府采购 合同 签订时效

(一)案例背景

**1. 工程概况**

2018年3月5日,某市集中采购机构受采购人委托以公开招标方式采购某专利设备,3月9日,该集中采购机构公开招标公告。5月4日,该采购项目在该市公共资源交易中心开标,经评标委员会评审,A公司成为该采购项目的第一中标候选人。5月6日,集中采购机构发布中标通知书,A公司成为该采购项目成交供应商。

**2. 合同签订过程**

2018年5月8日,供应商A公司就该采购项目与集中采购机构商议签订政府采购合同,集中采购机构表示其受采购人委托代理采购该项目,但采购人未授权其签署合同,只能协助督促采购人与 A 公司签订合同。其间 A 公司多次催促集中采购机构及采购人订立合同,采购人代表表示因合同签批流程及签批领导出差等原因,合同签署较慢,但不能影响设备供货,可以先行供货,合同后期再补。A 公司遂先行采购该批设备于 5 月 25 日交付采购人。

8 月 15 日,A 公司取得双方签署的采购合同,A 公司随即申请支付该批设备货款。此时该批设备专利保护期已过,市场价格大幅降低。采购人表示,希望可以就该批专利设备价格重新商定,以现行市场价格付款。A 公司表示其采购时该设备仍在专利保护期内,不能接受当下的价格,采购人于是拖延付款,A 公司将采购人起诉。

(二)课堂讨论

某市集中采购某专利设备项目合同管理中存在的问题。

该采购项目合同管理主要存在以下两方面问题:

(1)该采购项目的采购合同未在规定时限内签署,也未在政府采购监督管理部门备案。《政府采购法》第四十六条"采购人与中标、成交供应商应当在中标、成交通知书发出之日起三十日内,按照采购文件确定的事项签订政府采购合同"、第四十七条"政府采购项目的采购合同自签订之日起七个工作日内,采购人应当将合同副本报同级政府采购监督管理部门和有关部门备案"。集中采购机构 5 月 6 日发布该采购项目中标通知书,8 月 15 日才完成签订合同,超过了法律规定的时限,也未在规定时限内在政府采购监督管理部门备案。

(2)采购人在合同执行过程中,不按合同约定付款。《政府采购法》第四十三条规定,"政府采购合同适用合同法";第四十六条规定,"中标、成交通知书对采购人和中标、成交供应商均具有法律效力"。该采购项目虽然在 8 月 15 日签订书面合同,但在中标通知书发出时已产生法律效力,受合同法保护。采购人拖延付款,意图强行改变价格约定,违反了原《合同法》第三条"合同当事人的法律地位平等,一方不得将自己的意志强加给另一方"的规定。

## 二、案例使用说明

(一)教学目的与用途

(1)本案例教学目的在于使学生了解政府采购过程中采购合同管理的重要性、政府采购合同签订和执行的规范性要求,以及政府采购合同签订和执行过程中应当遵守的法律法规。

(2)本案例主要适用于政府采购课程中辅助政府采购合同管理教学。

### (二) 启发和思考

(1) 该项目采购合同在签订过程中出现了哪些问题？

(2) 政府采购合同签订时在时效方面应当遵循的法律规定。

### (三) 分析思路

本案例的分析思路为，以政府采购过程中合同签订与合同执行的管理为切入点，重点分析政府采购合同签订和执行过程中应当遵循的法律规定，使学生充分认识政府采购合同签订和执行过程中容易出现的问题。

### (四) 法律依据

《政府采购法》

第四十三条　政府采购合同适用合同法。

第四十六条　中标、成交通知书对采购人和中标、成交供应商均具有法律效力。

### (五) 关键要点

了解政府采购过程中采购合同管理的重要性，以及采购合同在签订和执行中需要遵循的法律规定和容易出现的细节问题。

### (六) 课堂计划建议

(1) 总结政府采购工作中政府采购合同签订和合同执行的管理，以及《政府采购法》《招标投标法》《民法典》中的相关规定。

(2) 课堂讨论。

### (七) 案例答案建议

该案例主要涉及《政府采购法》《招标投标法》《民法典》的运用问题。本案例中双方合同签订超过了法律规定的期限，也未在规定期限内在政府采购监督管理部门备案。同时，采购人拖延付款、意图强行改变价格约定的行为也违反了《民法典》的相关规定。

案例来源：某市政府采购案例库。

# 案例三　合同签订与履行程序

## 一、案例正文

**【摘要】** 本案例以某市电业局采购电梯，在招投标程序完成，确定 A 公司中标后，采购人始终不与中标供应商签订采购合同为例，对政府采购项目签订和履行程序过程中出现的问题进行分析。本案例分析可以为政府采购合同管理工作提供参考。

【关键词】政府采购　合同签订　履行程序

(一)案例背景

**1. 工程概况**

2002年11月,电业局因新建电力调度营业用房需购买电梯两台,通过邀请招标的采购方式,邀请某市A公司等六家单位参加投标。接到投标邀请书后,A公司于2002年11月25日提交了投标文件,并交纳投标保证金1万元。2002年12月10日,采购主体在电业局三楼会议室主持开标仪式,经过评标,确定A公司为预中标单位,中标价为120万元。2002年12月16日,A公司向电业局交纳履约保证金10万元。

**2. 合同签订过程**

2002年12月17日,采购人电业局向供应商A公司发出《中标单位通知书》,正式确定A公司中标,并约定于2002年12月24日下午5时前签订采购合同。此后,采购人电业局一直未与中标供应商A公司签订采购合同。

2003年1月16日,电业局以邀请招标不符合法律规定,招投标程序不到位,缺少评标标准且评标委员会成员为8人,均不符合《招标投标法》的规定为理由,决定该次中标无效。A公司经与电业局协商多次无果,又向有关部门反映情况未果。无奈之下,作为中标供应商,A公司于2003年3月6日向法院提起民事诉讼,要求电业局赔偿可得利润损失17.64万元。之前,2003年2月18日,中标供应商A公司从采购人电业局处领回了履约保证金10万元。

(二)课堂讨论

某市电业局采购电梯项目合同签订中存在的问题。

该采购项目合同签订程序主要存在以下问题:

电业局认为招投标程序中出现的邀请招标不符合法律规定,招投标程序不到位,缺少评标标准且评标委员会成员为8人等现象均违反了《招标投标法》的有关规定,从而认定中标无效的理由是不成立的。根据《招标投标法》第五十二条至第五十五条的规定,并不是所有违反该法的行为都将导致中标无效,只有出现下列情形时,才能认定中标无效:(1)招标代理机构违反招标投标法规定,泄露应当保密的与招标投标活动有关的情况和资料的,或者与招标人、投标人串通损害国家利益、社会公共利益或者他人合法权益,并影响中标结果的;(2)依法必须进行招标的项目的招标人向他人透露已获取招标文件的潜在投标人的名称、数量或者可能影响公平竞争的有关招标投标的其他情况的,或者泄露标底,并影响中标结果的;(3)依法必须进行招标的项目,招标人违反招标投标法规定,与投标人就投标价格、投标方案等实质性内容进行谈判,并影响中标结果的;(4)投标人相互串通投标或者与招标人串通投标的,投标人以向招标人或者评标委员会成员行贿的手段谋取中标的;(5)投标人以他人名义投标或者以其他方式弄虚作假,骗取中标的;(6)招标人在评标委员会依法推荐的中标候选人以外确定中标人的,依法必须进行招标的项目在所有投标被评标委员会否决后自行确定中标人的。反观电业局所提出的三项理由,均不符合上述六种中标无效的情形,故应当认定 A 公司的中标有效,电业局应当依法与之签订采购合同。

## 二、案例使用说明

### (一)教学目的与用途

(1)本案例教学目的在于使学生了解政府采购过程中采购合同管理的重要性、政府采购合同签订和执行的规范性要求,以及政府采购合同签订和执行过程中应当遵守的法律法规。

(2)本案例主要适用于政府采购课程中辅助政府采购合同管理教学。

### (二)启发和思考

(1)该项目中 A 公司的中标是否有效?

(2)电业局拒绝签订采购合同的行为是否违法?应该承担哪些法律责任?

### (三)分析思路

本案例的分析思路为,以政府采购过程中合同签订与合同执行的管理为切入点,重点分析政府采购合同签订和合同执行中应当遵循的法律规定,使学生充分认识政府采购合同签订和执行过程中容易出现的问题。

### (四)法律依据

(1)《政府采购法》

第七十一条　采购人、采购代理机构有下列情形之一的,责令限期改正,给予警告,可以并处罚款,对直接负责的主管人员和其他直接责任人员,由其行政主管部门或者有关机关给予处分,并予通报:(一)应当采用公开招标方式而擅自采用其他方式采购的;(二)擅自提高采购标准的;(三)以不合理的条件对供应商实行差别待遇或者歧视待遇的;(四)在招标采购过程中与投标人进行协商谈判的;(五)中标、成交通知书发出后不与中标、成交供应商签订采购合同的;(六)拒绝有关部门依法实施监督检查的。

(2)《招标投标法》

第五十二条 依法必须进行招标的项目的招标人向他人透露已获取招标文件的潜在投标人的名称、数量或者可能影响公平竞争的有关招标投标的其他情况的,或者泄露标底的,给予警告,可以并处一万元以上十万元以下的罚款;对单位直接负责的主管人员和其他直接责任人员依法给予处分;构成犯罪的,依法追究刑事责任。

前款所列行为影响中标结果的,中标无效。

第五十三条 投标人相互串通投标或者与招标人串通投标的,投标人以向招标人或者评标委员会成员行贿的手段谋取中标的,中标无效,处中标项目金额千分之五以上千分之十以下的罚款,对单位直接负责的主管人员和其他直接责任人员处单位罚款数额百分之五以上百分之十以下的罚款;有违法所得的,并处没收违法所得;情节严重的,取消其一年至二年内参加依法必须进行招标的项目的投标资格并予以公告,直至由工商行政管理机关吊销营业执照;构成犯罪的,依法追究刑事责任。给他人造成损失的,依法承担赔偿责任。

第五十四条 投标人以他人名义投标或者以其他方式弄虚作假,骗取中标的,中标无效,给招标人造成损失的,依法承担赔偿责任;构成犯罪的,依法追究刑事责任。

依法必须进行招标的项目的投标人有前款所列行为尚未构成犯罪的,处中标项目金额千分之五以上千分之十以下的罚款,对单位直接负责的主管人员和其他直接责任人员处单位罚款数额百分之五以上百分之十以下的罚款;有违法所得的,并处没收违法所得;情节严重的,取消其一年至三年内参加依法必须进行招标的项目的投标资格并予以公告,直至由工商行政管理机关吊销营业执照。

第五十五条 依法必须进行招标的项目,招标人违反本法规定,与投标人就投标价格、投标方案等实质性内容进行谈判的,给予警告,对单位直接负责的主管人员和其他直接责任人员依法给予处分。

前款所列行为影响中标结果的,中标无效。

(五)关键要点

了解政府采购过程中采购合同管理的重要性,以及采购合同在签订和执行中需要遵循的法律规定和容易出现的细节问题。

(六)课堂计划建议

(1)总结政府采购工作中政府采购合同签订和执行的管理,以及《政府采购法》《招标投标法》《民法典》中的相关规定。

(2)课堂讨论。

### (七) 案例答案建议

本案中电业局在向 A 公司发出《中标通知书》后拒绝与之签订采购合同,违反了《政府采购法》第七十一条的规定,应当责令限期改正,给予警告,可以并处罚款,对直接负责的主管人员和其他直接责任人员,由其行政主管部门或者有关机关给予处分,并予以通报。由于电业局拒绝签订采购合同,导致 A 公司损失可得利润 17.64 万元,对此电业局还应当承担缔约过失责任,赔偿 A 公司的该项损失。

案例来源:https://china.findlaw.cn/info/xingzheng/gjcg/anli/169464.html.

## 案例四 补充合同规模

### 一、案例正文

【摘要】本案例以某区教育局采购学校修缮改造工程,在合同执行过程中,双方签订补充合同的规模超过法律规定为例,对政府采购项目签订补充合同应注意的问题进行分析。本案例分析可以为政府采购合同管理工作提供参考。

【关键词】政府采购 补充合同 规模

(一) 案例背景

**1. 工程概况**

某区教育局拟在暑假期间对辖区内八所学校进行修缮改造,改造内容包括建筑外立面翻新、学生食堂排烟风机设备更换、教室多媒体设备安装等。该改造工程批准预算为 450 万元。后该教育局委托采购代理机构发布公开招标公告,经过公开招标,Y 承包单位成为该工程成交供应商,成交金额约 438 万元。

**2. 合同履行过程**

Y 承包单位中标后,随即与该区教育局签订了工程施工合同,并设置施工项目经理部,进入各学校进行施工。施工过程中,另外三所学校找到区教育局提出也需要更换学生食堂内风机设备,部分建筑外立面也需要翻新。

该区教育局予以同意,遂与 Y 承包单位进行协商,表示这另外三所学校的改造工程也委托给 Y 承包单位进行施工,外加的承包内容由双方签订补充合同进行约定。后该教育局委托社会造价机构对该工程进行结算,最终审定该改造项目工程造价约 560 万元,其中补充协议工程内容工程造价约 140 万元。

(二) 课堂讨论

某区教育局采购学校修缮改造工程项目合同管理中存在的问题。

该采购项目合同管理主要存在以下两方面问题：

(1)该采购项目的补充合同规模达140万元，超过了原成交合同金额438万元的百分之十。《政府采购法》第四十九条规定，"政府采购合同履行中，采购人需追加与合同标的相同的货物、工程或者服务的，在不改变合同其他条款的前提下，可以与供应商协商签订补充合同，但所有补充合同的采购金额不得超过原合同采购金额的百分之十"。政府采购合同不同于一般民事经济合同，对补充合同规模有严格限制，以防止采购人规避政府采购程序。

(2)该采购项目的实际合同价格(含补充合同)超出了经批准的预算。《政府采购法》第六条规定，"政府采购应当严格按照批准的预算执行"。该采购项目最终的工程造价远超过批准的预算，容易导致预算不足、后期拖欠工程款等问题发生。

## 二、案例使用说明

### (一)教学目的与用途

(1)本案例教学目的在于使学生了解政府采购过程中采购合同管理的重要性、政府采购合同签订和执行的规范性要求，以及政府采购合同签订和执行过程中应当遵守的法律法规。

(2)本案例主要适用于政府采购课程中辅助政府采购合同管理教学。

### (二)启发和思考

(1)该项目采购合同在补充协议签订中出现了哪些问题？
(2)政府采购合同补充协议在签订时应当遵循哪些法律规定？

### (三)分析思路

本案例的分析思路为，以政府采购过程中合同签订与合同执行的管理为切入点，重点分析政府采购合同签订和合同执行过程中应当遵循的法律规定，使学生充分认识政府采购合同签订和执行过程中容易出现的问题。

### (四)法律依据

《政府采购法》

第六条　政府采购应当严格按照批准的预算执行。

第四十九条　政府采购合同履行中，采购人需追加与合同标的相同的货物、工程或者服务的，在不改变合同其他条款的前提下，可以与供应商协商签订补充合同，但所有补充合同的采购金额不得超过原合同采购金额的百分之十。

### (五)关键要点

了解政府采购过程中采购合同管理的重要性,以及采购合同在签订和执行中需要遵循的法律规定和容易出现的细节问题。

### (六)课堂计划建议

(1)总结政府采购工作中政府采购合同签订合同执行的管理,以及《政府采购法》《招标投标法》《民法典》中的相关规定。

(2)课堂讨论。

### (七)案例答案建议

该案例主要涉及《政府采购法》的运用问题。该采购项目的补充合同规模达140万元,超过了原成交合同金额438万元的百分之十。该采购项目的实际合同价格(含补充合同)超出了经批准的预算。该采购项目最终的工程造价远超过批准的预算,容易导致预算不足、后期拖欠工程款等问题发生。

案例来源:某市政府采购案例库。

## 案例五　施工合同违法转包

### 一、案例正文

【摘要】本案例以某市政管理部门新修某条市政道路,承包单位在合同执行过程中,违法将项目转包、分包为例,对政府采购工程在合同执行过程中应注意的问题进行分析。本案例分析可以为政府采购合同管理工作提供参考。

【关键词】政府采购　项目转包分包

转包,指承包单位承包工程后,不履行合同约定的责任和义务,将其承包的全部工程,或者将其承包的全部工程肢解后以分包的名义分别转给其他单位或个人施工的行为。

#### (一)案例背景

**1. 工程概况**

某市政管理部门计划新修建一条市政道路,该工程批准预算为8000万元。后该市政管理部门委托采购代理机构进行公开招标采购,经评审,A建筑公司成为成交供应商,成交金额约7860万元,双方签订工程施工合同。

**2. 合同履行过程**

该市政管理部门在取得施工许可证后,A公司进场施工。在施工过程中,该项目监理单位发现,承包单位在申请支付进度款时,申请资料落款单位为A公司的子公司,监理单位随即向市政管理部门反映,该市政管理部门致函并约谈A公司,要求其在期限内,按照合同及中标文件,派驻A公司本身所属施工团队负责该项目施工,并对本次发生的问题予以备案,若再有此种情况将其转包行为反映给建设行政主管部门,并予以索赔。

(二)课堂讨论

某市政管理部门新修某条市政道路项目合同管理中存在的问题。

该采购项目合同管理主要存在以下问题:

该政府采购合同在执行过程中,A公司作为合同履约方,未按照合同约定履约,其在公开招标阶段,用本公司的管理人员及资质进行投标,从而中标该项目。但在实际过程中,A公司将该项目转包,由其子公司代其施工。《公司法》第十四条规定,"公司可以设立子公司,子公司具有法人资格,依法独立承担民事责任"。子公司与母公司在法律地位上是两个独立法人,A公司该行为违反了双方的施工合同。国家住建部《建筑工程施工发包与承包违法行为认定查处管理办法》第八条规定,"存在下列情形之一的,应当认定为转包,但有证据证明属于挂靠或者其他违法行为的除外:承包单位将其承包的全部工程转给其他单位(包括母公司承接建筑工程后将所承接工程交由具有独立法人资格的子公司施工的情形)或个人施工的",依此规定,A公司的行为构成违法。

## 二、案例使用说明

(一)教学目的与用途

(1)本案例教学目的在于使学生了解政府采购过程中采购合同管理的重要性、政府采购合同签订和执行的规范性要求,以及政府采购合同签订和执行过程中应当遵守的法律法规。

(2)本案例主要适用于政府采购课程中辅助政府采购合同管理教学。

(二)启发和思考

(1)该项目采购合同在执行过程中出现了哪些问题?

(2)政府采购合同是否可以进行转包和分包?

(三)分析思路

本案例的分析思路为,以政府采购过程中合同签订与合同执行的管理为切入点,重点分析政府采购合同签订和合同执行中应当遵循的法律规定,使学生充分认识政府采购合同签订和执行过程中容易出现的问题。

### (四)法律依据

(1)《公司法》

第十四条　公司可以设立子公司,子公司具有法人资格,依法独立承担民事责任。

(2)《建筑工程施工发包与承包违法行为认定查处管理办法》(建市规〔2019〕1号)

第八条　存在下列情形之一的,应当认定为转包,但有证据证明属于挂靠或者其他违法行为的除外:(一)承包单位将其承包的全部工程转给其他单位(包括母公司承接建筑工程后将所承接工程交由具有独立法人资格的子公司施工的情形)或个人施工的。(本案例仅涉及情形1)

### (五)关键要点

了解政府采购过程中采购合同管理的重要性,以及采购合同在签订和执行过程中需要遵循的法律规定和容易出现的细节问题。

### (六)课堂计划建议

(1)总结政府采购工作中政府采购合同签订和执行的管理,以及《政府采购法》《招标投标法》《民法典》中的相关规定。

(2)课堂讨论。

### (七)案例答案建议

在合同执行过程中,A公司作为合同履约方,未按照合同约定履约,其在公开招标阶段,用本公司的管理人员及资质进行投标,中标该项目。但在实际过程中,A公司将该项目转包给其子公司。根据法律规定,转包属于违法行为。因为项目的分包必须遵循分包人为项目主要责任人,同时具备相关资质的规定。分别具备独立法人资格的母子公司之间属于转包行为,即违法行为。

案例来源:某市政府采购案例库。

## 案例六　终止履行政府采购合同行政处罚

### 一、案例正文

【摘要】本案例以某市第二医院采购医疗设备,因中标供应商无法继续提供中标设备,导致合同无法履行为例,对政府采购过程中终止采购合同履行的相应法律责任以及财政部门在此过程中的职责权限进行分析。本案例分析可以为政府采购时履行合同相关管理工作提供参考。

【关键词】政府采购　终止履行　行政处罚

## （一）案例背景

### 1. 项目概况

2007年4月12日，A贸易有限公司参加了某市政府采购中心组织的市第二人民医院（以下简称第二医院）医疗设备公开招标活动，在15台监护仪的项目中中标，中标金额为119700元。随后，A公司和第二医院签订了《政府采购合同书》。根据合同相关规定，2007年6月30日为履约期限。

### 2. 合同履行过程

2007年5月30日，A公司突然向某市政府采购中心发函表示，由于向其提供产品的制造商生产的产品升级换代，原投标时中标的产品已停止生产，导致其无法向第二医院供货，决定停止履行所签订的政府采购合同，同时，第二医院也向市政府采购中心发函表示同意终止政府采购合同。市政府采购中心接到双方解除采购合同的函后将有关情况报告该市财政局政府采购办公室。采购办调查后认为，A公司的行为违反了《政府采购货物和服务招标投标管理办法》（财政部令第18号）第四十五条的规定，应当给予相应的行政处罚。鉴于A公司认错态度较好，并及时向采购人及政府采购中心反映了不能履约的情况，同时也得到了采购人的理解，实际上也没有造成严重的违约后果，属于情节比较轻微的违法行为，因此决定予以从轻处罚。根据《政府采购货物和服务招标投标管理办法》第七十五条的规定，决定给予A公司罚款1197元，按中标金额119700元的千分之一计算的行政处罚。2007年6月12日，某市财政局向A公司下达了《行政处罚事项告知书》，A公司当场表示愿意接受处罚。2007年6月20日，某市财政局向A公司下达了《行政处罚决定书》，A公司接到决定书后没有提起行政复议，也没有向人民法院提起行政诉讼。

## （二）课堂讨论

某市第二医院采购医疗设备合同履行时存在的问题。

这是一起在政府采购合同履行过程中因当事人违约而产生的行政处罚案件，涉及财政部门对政府采购合同的履行是否有权进行监督，以及财政部门对当事人违反政府和采购合同约定进行处罚是否有法律依据的问题。

首先，财政部门对政府采购合同的履行是否有权进行监督。根据《政府采购法》的规定，各级人民政府财政部门是政府采购的监督管理部门，依法履行对政府采购活动的监督管理职责。监督检查的主要内容是：有关政府采购的法律、行政法规和规章的执行情况；采购范围、采购方式和采购程序的执行情况；政府采购人员的职业素质和专业技能。从表面上看，财政部门主要是对政府采购活动进行监督，其履行监督检查职能，直到当事人签订政府采购合同为止。但从实质上看，政府采购合同适用民法典并不等于财政部门不能对政府采购合同的履行进行监督，因为政府采购合同的履行往往涉及国家利益或者公共利益，必须要有政府采购管理部门和其他有关部门对合同的履行进行监管。《政府采购法》第五十条规定，"政府采购合同的双方当事人不得擅自变更、中止或者终止合同。政府采购合同继续履行将损害国家利益和社会公共利益的，双方当事人应当变更、中止或者终止合同，有过错的一方应当承担责任，双方都有过错的，各自承担相应的责任"。《政府采购货物和服务招标投标管理办法》第七十五条规定，"对拒绝履行合同义务的，给予相应的处理和处罚"。上述法律规定的内容体现了财政部门有权对政府采购合同履行监督检查职责。本案中，A 公司在政府采购中中标后应当履行合同，由于制造商工作的原因导致政府采购合同无法履行，属于违约行为。这种违约行为不因取得采购人的谅解而发生质的变化，某市财政局根据政府采购监督管理职责，将 A 公司的行为定性为政府采购合同违约是适当的。

其次，财政部门对当事人违反政府采购合同的约定进行处罚是否有法律依据。本案中，某市财政局最后综合各方面的因素，对 A 公司处以 1197 元的罚款，处罚的法律依据是《政府采购货物和服务招标投标管理办法》第七十五条第（三）项的规定。该规定的内容是："中标供应商有下列情形之一的，招标采购单位不予退还其缴纳的投标保证金；情节严重的，由财政部门将其列入不良行为记录名单，在一至三年内禁止参加政府采购活动，并予以通报：（1）中标后无正当理由不与采购人或者采购代理机构签订合同的；（2）将中标项目转让予他人，或者在投标文件中未说明，且未经采购招标机构同意将中标项目分包给他人的；（3）拒绝履行合同义务的。"从上述规定看，对当事人违约不履行政府采购合同的行为，并没有规定罚款的行政处罚，因此，某市财政局根据《政府采购货物和贸易招标投标管理办法》第七十五条第（三）项的规定对某贸易有限公司处以 1197 元的罚款，属于处罚适用法律依据错误。

## 二、案例使用说明

### （一）教学目的与用途

（1）本案例教学目的在于使学生了解政府采购过程中采购合同管理的重要性、政府采购合同签订和执行的规范性要求，以及政府采购合同签订和执行过程中应当遵守的法律法规。

（2）本案例主要适用于政府采购课程中辅助政府采购合同管理教学。

### （二）启发和思考

（1）财政部门是否有权力对政府采购合同的履行进行监督？

（2）财政部门对政府采购合同违约方进行罚款的行政处罚行为是否具有法律依据？

### （三）分析思路

本案例的分析思路为，以政府采购过程中合同签订与合同执行的管理为切入点，重点分析政府采购合同签订和合同执行过程中应当遵循的法律规定，使学生充分认识政府采购合同签订和执行过程中容易出现的问题。

### （四）法律依据

(1)《政府采购法》

第五十条　政府采购合同的双方当事人不得擅自变更、中止或者终止合同。政府采购合同继续履行将损害国家利益和社会公共利益的，双方当事人应当变更、中止或者终止合同，有过错的一方应当承担责任，双方都有过错的，各自承担相应的责任。

(2)《政府采购货物和服务招标投标管理办法》（财政部令第18号）

第七十五条　中标供应商有下列情形之一的，招标采购单位不予退还其交纳的投标保证金；情节严重的，由财政部门将其列入不良行为记录名单，在一至三年内禁止参加政府采购活动，并予以通报：

（一）中标后无正当理由不与采购人或者采购代理机构签订合同的；

（二）将中标项目转让给他人，或者在投标文件中未说明，且未经采购招标机构同意，将中标项目分包给他人的；

（三）拒绝履行合同义务的。

### （五）关键要点

了解政府采购过程中采购合同管理的重要性，以及采购合同在签订和执行过程中需要遵循的法律规定和容易出现的细节问题。

### （六）课堂计划建议

(1)总结政府采购工作中政府采购合同签订和合同执行的管理，以及《民法典》中的相关规定。

(2)课堂讨论。

### （七）案例答案建议

根据《政府采购法》和《政府采购货物和服务招标投标管理办法》的规定，财政部门有权对政府采购合同履行监督检查职责，但是相关法律并没有规定财政部门对政府采购当事人违约不履行政府采购合同的行为具有罚款的权力。本案例中该财政局对A公司进行罚款的行政行为，属于处罚适用法律依据错误。

案例来源：蔡复义.终止履行政府采购合同行政处罚案例评析[J].中国财政，2009(2)：51-52.

# 案例七　合同产生争议以不利于模板提供方的解释为准

## 一、案例正文

**【摘要】** 本案例以某开发区采购某大型活动宣传视频跟拍制作服务,因增加部分服务支付费用产生争议为例,对政府采购过程中合同要约应注意的问题进行分析。本案例分析可以为政府采购时拟定合同要约提供参考。

**【关键词】** 政府采购　合同要约　争议判定

（一）案例背景

**1. 项目概况**

某开发区对其组织的某大型活动宣传视频跟拍制作服务项目进行政府采购,预算金额 89 万元。招标内容如下:为做好×活动项目的影像视频资料拍摄、存档及对外宣传,拟委托专业机构提供该活动的视频跟拍服务,要求供应商真实完整地完成活动的会议拍摄、资料拍摄、活动拍摄及拍摄成果的影视特效、包装、剪辑和成片制作等。要求投标人符合《政府采购法》第二十二条的规定。合同履约期限为活动开始至活动结束后两周。

**2. 招标投标过程**

本次采购采用公开招标方式,由招标代理公司负责该工程的招投标活动。2016 年 6 月 27 日,代理公司在政府采购网发布招标公告,报名时间为 2016 年 6 月 27 日至 2016 年 7 月 1 日。截至 2016 年 7 月 1 日,共有 4 家潜在投标人购买了招标文件。2016 年 7 月 19 日上午 10:00,在招标代理公司指定会议室,准时召开了开标及评标会议,在投标截止时间前,4 家投标人均提交了投标文件。2016 年 7 月 19 日,根据评标委员会评审结论和采购人的"定标复函",招标代理公司发布了中标公告,确定了中标人。2016 年 9 月,活动结束,承揽人提供了最终视频成果并经委托人认可,但双方对合同中的结算方式有争议。

（二）课堂讨论

某开发区采购某大型活动宣传视频跟拍制作服务合同中存在的问题。

该合同存在以下几处约定相互冲突:

(1)合同价款处的约定为"合同总价共计捌拾壹万伍仟元整(¥815000.00),包含乙方为履行本约定书项下义务和提供本约定书项下服务所需全部费用,包括但不限于交通费、餐饮住宿费、现场拍摄费用及后期视频剪辑、制作等全部费用,甲方无需另行支付任何其他费用"。

(2)合同支付条款约定为"乙方在完成全部工作,出具最终视频成果文件并经甲方书面确认后,甲方依据本约定书向乙方一次性支付合同总价的100%"。

(3)合同中"双方的权利和义务"处有如下约定,"乙方应将最终视频成果的时间控制为4分30秒,如甲方要求增加视频成果时间,按每秒钟200元人民币计价"。视频制作过程中,双方多次对视频文件的制作思路进行了讨论,最终视频成果文件时间为4分52秒,甲方对成果文件也进行了书面认可,承揽人认为应按照合同中"双方的权利和义务"的约定,增加制作费用4400元,但甲方认为该合同为包干总价合同,不应额外增加价款。后咨询律师,经双方友好协商,最终仍按815000元的合同总价进行了付款。

原《中华人民共和国合同法》第四十一条规定:"对格式条款的理解发生争议的,应当按照通常理解予以解释。对格式条款有两种以上解释的,应当作出不利于提供格式条款一方的解释。"

## 二、案例使用说明

### (一)教学目的与用途

(1)本案例教学目的在于使学生了解政府采购过程中采购合同管理的重要性、政府采购合同签订和执行的规范性要求、政府采购合同签订和执行过程中应当遵守的法律法规。

(2)本案例主要适用于政府采购课程中辅助政府采购合同管理教学。

### (二)启发和思考

(1)该项目采购合同在约定过程中出现了哪些问题?

(2)政府采购合同双方在执行合同出现争议时应当遵循的法律原则。

### (三)分析思路

本案例的分析思路为,以政府采购过程中合同签订与合同执行的管理为切入点,重点分析政府采购合同签订和合同执行中应当遵循的法律规定,使学生充分认识政府采购合同签订和执行过程中容易出现的问题。

### (四)法律依据

《合同法》

第四十一条 对格式条款的理解发生争议的,应当按照通常理解予以解释。对格式条款有两种以上解释的,应当作出不利于提供格式条款一方的解释。

### (五)关键要点

了解政府采购过程中采购合同管理的重要性,以及采购合同在签订和执行中需要遵循的法律规定和容易出现的细节问题。

(六)课堂计划建议

(1)总结政府采购工作中政府采购合同签订合同执行的管理,以及《民法典》中的相关规定。

(2)课堂讨论。

(七)案例答案建议

该案例主要涉及政府采购中《民法典》的运用问题。该采购项目的合同中,在合同价款、价款支付以及合同执行过程中双方权利义务的规定方面存在冲突,根据《民法典》的相关规定,对格式条款的理解发生争议的,应当按照通常理解予以解释。对格式条款有两种以上解释的,应当作出不利于提供格式条款一方的解释。

案例来源:某市政府采购案例库。

## 案例八　财政部门撤销政府采购合同

### 一、案例正文

【摘要】本案例以某大学委托政府采购中心公开招标为学校新建一座多功能报告厅,在招投标过程中,投标人串通投标,财政部门撤销采购人与中标人的合同为例,对政府采购招标过程中的问题进行分析。本案例分析可以为政府采购活动中发生供应商串通行为时的合同管理提供参考。

【关键词】政府采购　串通投标　撤销合同

(一)案例背景

**1. 项目概况**

S市政府采购中心受某大学委托,就其学校的多功能报告厅工程组织了公开招标。某大学是财政拨款的事业单位。经评审,Z公司中标,2017年3月22日,政府采购中心发出了中标通知书,某大学开始了合同内部会签工作。

**2. 招标投标过程**

2017年3月27日,S市政府采购中心及S市财政局先后收到匿名举报,称Z公司在该项目招投标过程中存在串通投标行为,要求调查核实。S市财政局组成了调查组开展调查,经调查,发现Z公司与另一投标人A的技术标投标文件中"机械设备投入计划""关键工序的施工技术、工艺以及质量保证的措施"等存在连续23页的内容、格式、排版完全相同,还发现Z公司与另一投标人B的投标报价中同一补充定额的编号、内容完全相同。S市财政局组织原评标委员会审查,出具了认定情况,认为Z公司与A公司、B公司在本次招标投标活动中存在串通投标行为。

S市财政局随后做出处理决定:撤销Z公司与某大学的合同,处合同千分之十的罚款,并列入不良记录名单,禁止A公司、B公司一年内参加政府采购活动。Z公司不服S市财政局的行政处罚,向S市新城区人民法院提起了行政诉讼。

(二)课堂讨论

某大学委托政府采购中心公开招标合同中存在的问题。

Z公司认为:中标通知书已经发出,该合同已事实上成立。S市财政局无权撤销该合同,要求法院撤销行政处罚告知书及相应行政处罚决定。但S市财政局认为,普通民事合同的撤销权,确应基于合同当事人一方的请求,由人民法院或者仲裁机构撤销。但对于采购人、采购代理机构及其工作人员的违法行为而需要撤销的政府采购合同,无法适用《民法典》的规定。财政部《政府采购供应商投诉处理办法》(财政部令第20号)第十九条规定:"财政部门经审查,认定采购文件、采购过程影响或者可能影响中标、成交结果的,或者中标、成交结果的产生过程存在违法行为的,按下列情况分别处理:……(二)政府采购合同已经签订但尚未履行的,决定撤销合同,责令重新开展采购活动。"因此,财政局出具的处罚决定有法律依据。法院最终做出判决:"维持S市财政局行政处罚决定书。"

## 二、案例使用说明

(一)教学目的与用途

(1)本案例教学目的在于使学生了解政府采购过程中采购合同管理的重要性,政府采购合同签订和执行的规范性要求,政府采购合同签订和执行过程中应当遵守的法律法规。

(2)本案例主要适用于政府采购课程中辅助政府采购合同管理教学。

(二)启发和思考

(1)该合同在招标过程中存在哪些问题?

(2)财政部门是否有权力撤销该合同?

(三)分析思路

本案例的分析思路为,以政府采购过程中合同签订与合同执行的管理为切入点,重点分析政府采购合同签订和合同执行中应当遵循的法律规定,使学生充分认识政府采购合同签订和执行过程中容易出现的问题。

(四)法律依据

《政府采购供应商投诉处理办法》(财政部令第20号)

第十九条 财政部门经审查,认定采购文件、采购过程影响或者可能影响中标、成交结果的,或者中标、成交结果的产生过程存在违法行为的,按下列情况分别处理:……(二)政府采购合同已经签订但尚未履行的,决定撤销合同,责令重新开展采购活动。

(五)关键要点

了解政府采购过程中采购合同管理的重要性,以及采购合同在签订和执行中需要遵循的法律规定和容易出现的细节问题。

(六)课堂计划建议

(1)总结政府采购工作中政府采购合同签订合同执行的管理,以及《政府采购法》《招标投标法》《民法典》中的相关规定。

(2)课堂讨论。

(七)案例答案建议

Z公司与A公司、B公司在本次招标投标活动中存在串通投标行为。政府采购合同不是普通的民事合同。普通民事合同的撤销权,确应基于合同当事人一方的请求,由人民法院或者仲裁机构撤销。但对于由于采购人、采购代理机构及其工作人员的违法行为而需要撤销的政府采购合同,无法适用《民法典》的规定。根据《政府采购供应商投诉处理办法》的相关规定,财政部门有权力对该合同进行撤销。

案例来源:某市政府采购案例库。

# 第五章 政府采购验收管理案例

## 案例一 履约验收的样品争议

### 一、案例正文

**【摘要】**本案例以某市政府采购建设项目履约验收为例,对政府采购工程履约验收中应注意的问题进行分析。样品检验是履约检验中的关键环节。本案例分析可以为政府采购工程履约验收工作提供参考。

**【关键词】**投标样品 履约验收

(一)案例背景

**1. 概况**

某政府采购中心受某高校委托对其家具项目进行公开招标。本项目的采购预算为416万元。招标文件规定该项目采用"综合评分法"评标,总分为100分,样品分20分,采购文件规定投标人需要递交投标样品,并作为评审和履约验收的依据。

**2. 履约验收过程**

招标公告发布后,有17家供应商下载了投标文件。截至投标时间前,共有15家投标单位送达投标文件,最终仅有13家单位递交了样品。开标后,最高投标价为415万元,最低投标价380万元,平均投标价399万元。经评标委员会评审,虽然A公司的样品存在瑕疵,但由于其综合实力强,最后总得分第一,推荐其为第一中标候选人。采购人对第一中标候选人A公司的样品进行了封存,作为履约验收的依据。

中标公告期满后,采购人和A公司签订了合同。在履约验收环节,采购人和供应商对验收依据有分歧。供应商认为投标样品应当是履约验收的唯一依据。采购人认为A公司的投标样品存在瑕疵,投标样品只是履约验收的依据之一,并不是唯一依据,还需要依据采购需求中明确的技术要求等进行验收。

(二)课堂讨论

该项目履约验收中存在的争议问题有哪些?

对于本案例,评审结束后,采购人封存了中标人提供的样品,并作为采购项目合同履行的验收依据,但 A 公司的投标样品并不是唯一的履约验收依据。理由如下:一是 A 公司虽然中标,但其投标样品并没有完全符合采购文件规定的要求,存在瑕疵,得分较低。二是实际验收时,投标样品只是履约验收的依据之一,并不是唯一依据。根据《政府采购货物和服务招标投标管理办法》(财政部令第 87 号)第二十二条第三款规定:"采购活动结束后,对于未中标人提供的样品,应当及时退还或者经未中标人同意后自行处理;对于中标人提供的样品,应当按照招标文件的规定进行保管、封存,并作为履约验收的参考。"可以得知,投标样品只是履约验收的参考,并不是唯一的依据。三是投标供应商提供的样品与最后履约验收时所提交的产品可能不一致。采购人可能会有更高的要求,或者是供应商可能在履约验收前通过对产品改进使得产品更加优化,更加符合采购文件的要求。

## 二、案例使用说明

### (一)教学目的与用途

(1)本案例教学目的在于使学生了解政府采购工程履约验收的重要性与规范要求,以及相关注意事项和细节要求。

(2)本案例主要适用于政府采购课程中辅助履约验收管理教学。

### (二)启发与思考

(1)设定投标样品的目的是什么?

(2)样品是不是履约验收的唯一依据?若不是,还有哪些验收依据?

(3)履约验收过程中存在哪些法律问题?

### (三)分析思路

本案例的分析思路为,以政府采购验收过程中相关环节的管理为切入点,重点分析工程履约验收时应注意的细节,履约验收的法律要求和履约验收中注意事项,使学生充分认识履约验收的重要性和容易出现的问题。

### (四)法律依据

《政府采购货物和服务招标投标管理办法》(财政部令第 87 号)

第二十二条 采购人、采购代理机构一般不得要求投标人提供样品,仅凭书面方式不能准确描述采购需求或者需要对样品进行主观判断以确认是否满足采购需求等特殊情况除外。

要求投标人提供样品的,应当在招标文件中明确规定样品制作的标准和要求、是否需要随样品提交相关检测报告、样品的评审方法以及评审标准。需要随样品提交检测报告的,还应当规定检测机构的要求、检测内容等。

采购活动结束后,对于未中标人提供的样品,应当及时退还或者经未中标人同意后自行处理;对于中标人提供的样品,应当按照招标文件的规定进行保管、封存,并作为履约验收的参考。

(五)关键要点

了解政府采购工程履约验收管理的重要性与需要注意的细节问题,以及相关人员在工作中容易出现的问题。

(六)课堂计划建议

(1)总结我国政府采购工程履约验收管理的规律和常见问题。

(2)课堂讨论。

(七)案例答案建议

采购人的要求合理合法,A公司对合同的理解存在偏差,应按照采购人要求进一步提供产品以供履约验收阶段使用。

案例来源:http://www.caigou2003.com/zhengcaizixun/baozhiwenzhang/4513738.html.

# 案例二 履约验收方式创新

## 一、案例正文

【摘要】本案例以某市政府采购项目履约验收为例,履约验收环节是政府采购工程的重要环节,邀请未中标单位参与到该环节中,是一种有益的尝试,本案例可以为政府采购工程履约验收工作提供参考。

【关键词】履约验收 验收方式创新 政府采购

(一)案例背景

**1. 概况**

某市某单位进行了一场有关办公设备项目的政府采购招投标活动。

**2. 履约验收过程**

在某招标采购单位组织的办公设备项目招投标活动结束后,未中标供应商A公司对中标人G公司的履约问题提出了质疑。对于A公司的质疑,招标采购单位很快便做出了质疑答复:采购人对履约很满意,不存在以次充好的问题。

A公司对招标采购单位的质疑答复不满,并向当地财政部门提起了投诉:招标文件规定档案柜材质为厚度0.85毫米的冷轧板,中标人交付的却是0.65毫米冷轧板,两者的成本价相差280元/个,520个档案柜总差价共计近15万元;G公司提供的办公桌台面板厚度为22毫米的刨花板,而不是15毫米的中密板,其他也不是中密板,而是刨花板;办公桌椅使用的五金配件也不是招标文件要求的五金配件,G公司提供的五金件与招标文件要求的五金件差价高达150元/个,总差价高达8万元左右。因此,请求财政部门将此次采购废标,并取消G公司今后参加此类项目的资格。

当地财政部门受理投诉后,组织了采购人、质监所、监察部门、投诉人、被投诉人到这批办公设备的具体使用单位进行检查、质证。通过调查,当地财政部门认为,关于G公司用刨花板替换中密度板的问题,招标文件相关规定只是提出了一个参考标准,并未强制要求,且质监部门认为G公司履约的内容实质上已经优于招标文件要求,采购单位也认可,该投诉事项不成立。而G公司提供的冷轧板厚度和五金件的确达不到招标文件的要求,这两项投诉事项成立。因此,当地财政部门依法在收到投诉后三十个工作日内,将投诉处理决定以书面形式通知投诉人和与投诉事项有关的当事人:此次采购的履约结果无效,责成G公司按照招标文件要求以及中标时的承诺进行履约。

(二)课堂讨论

邀请未中标企业参与履约验收的好处与相关注意事项有哪些?

邀请未中标供应商参与验收是一种提高政府采购透明度、加强政府采购监督的有效手段。

一方面,因为该供应商参加了此次投标活动,对招标文件的具体要求、产品的具体需求有详细的了解;另一方面,供应商往往具有一定的专业知识,对行业情况也比较熟悉,可以进行有效监督。让他们参与验收,可以让政府采购投标供应商对招标的公正性心悦诚服,同时对他们今后参与招投标活动也会起到很大的指导作用。

对于邀请供应商参加验收,也须按照严格的流程来操作。在监管部门未出台具体措施进行指导之前,招标采购单位可以通过招标文件的规定来起到规范的作用,如在招标文件中明示可以参与验收的人员范围、验收的流程等。

## 二、案例使用说明

(一)教学目的与用途

(1)本案例教学目的在于使学生了解政府采购工程履约验收的重要性与规范要求,对未中标单位参与履约验收这一创新有初步了解。

(2)本案例主要适用于政府采购课程中辅助履约验收管理教学。

(二)启发与思考

(1)邀请未中标单位参与履约验收有什么好处?

(2)如何对未中标单位参与履约验收加强规范?

## 第五章　政府采购验收管理案例

### (三)分析思路

本案例的分析思路为,以政府采购招标过程中的履约验收环节为切入点,重点分析未中标供应商参与工程履约验收的好处与应注意的细节,加强学生对履约验收环节的理解。

### (四)法律依据

《政府采购法》

第四十一条　采购人或者其委托的采购代理机构应当组织对供应商履约的验收。大型或者复杂的政府采购项目,应当邀请国家认可的质量检测机构参加验收工作。验收方成员应当在验收书上签字,并承担相应的法律责任。

第六十一条　集中采购机构应当建立健全内部监督管理制度。采购活动的决策和执行程序应当明确,并相互监督、相互制约。经办采购的人员与负责采购合同审核、验收人员的职责权限应当明确,并相互分离。

### (五)关键要点

了解政府采购工程履约验收管理的重要性与需要注意的细节问题,了解未中标企业参与履约创新的好处与应当注意的问题。

### (六)课堂计划建议

(1)总结我国政府采购工程履约验收管理的规律和常见问题。
(2)课堂讨论。

### (七)案例答案建议

邀请未中标供应商参与验收是一种提高政府采购透明度、加强政府采购监督的有效手段。但未中标供应商的意见不能作为决定性的意见。同时要注意相关的规范,在规范不明确的情况下,可以暂用招标文件的相关规范。

案例来源:http://www.caigou2003.com/cz/aldp/2015-03-04/25760.html.

## 案例三　询价采购履约验收不顺利

### 一、案例正文

【摘要】本案例以某市政府采购项目履约验收为例,分析询价采购履约不顺利的原因,找出履约验收不畅的原因与解决方法。本案例分析可以为政府采购工程履约验收工作提供参考。

【关键词】履约验收　保证金制度　询价采购

(一)案例背景

**1. 概况**

陕西省汉中市某执法单位因工作需要,委托该市政府采购中心(以下简称"采购中心")采购多台台式计算机,配发给所属基层单位使用。2012年10月23日,采购中心以询价方式组织采购,最终A公司以报价最低成交。

**2. 履约验收过程**

履约验收时,采购中心派人到现场履行监督职责。考虑到用户单位驻地分散并且需要逐一上门安装,采购单位要求A公司携带三件样品参与验收即可。通过查验,验收小组发现A公司提供样品的装箱清单名目与产品自身配置不符,采购单位拒绝接收这批货物。A公司表示尽快更换。

2012年11月5日,采购中心作为监督方到现场参与第二次验收,发现仍然存在问题:根据装箱单提供的出厂编号查询到的主机配置(内存、显卡)与实际配置不符;使用的光驱不是成交品牌。

两次验收均不合格后,采购中心及时组织A公司与采购单位代表座谈。采购单位明确表态,A公司提供货物与合同约定不符,售后服务无法保障,拒绝接收这批货物。A公司表示,出现这样的情况不是有意为之,该公司将尽快与生产厂家联系并解决问题。

采购中心对A公司提出两点意见:更换这批货物,严格按照合同要求供货;更换后的货物必须要有生产厂家的出货证明以及售后保证函。采购中心明确表示,如果A公司不能做到这两点,将报请汉中市财政局批准解除本次采购合同,并对A公司的违约行为进行处罚。

2012年12月5日,第三次验收在采购中心的监督下进行。采购单位认为A公司本次所供货物符合合同要求,验收通过。同时,经汉中市财政局同意,对A公司未在约定的时间内履约做出如下处罚:计入供应商不良记录一次,六个月内禁止参与汉中市本级政府采购活动。A公司对此无异议。

(二)课堂讨论

*如何避免此类履约验收不畅的情况发生?*

根据《政府采购法》第三十二条的规定,本次采购采用询价方式并无问题。A公司多次不按合同约定供货,不排除工作失误的可能性,但更大的可能是故意为之。因为采购单位只让A公司携带三件样品参与验收,而不是随机抽取,相对来说以次充好、蒙混过关的可能性比较大。

询价采购的最大特点是采购标的物是标准产品,根据采购需求、质量和服务相等且报价最低的原则确定成交供应商。在采购实践中,个别供应商法律意识淡薄,钻采购单位、采购代理机构工作中的漏洞,先以低价换取成交资格,后续履约时偷梁换柱,妄想蒙混过关。

鉴于此,采购单位、采购代理机构必须严把合同签订、履约验收关,才能确保采购结果落到实处。

## 二、案例使用说明

### (一)教学目的与用途

(1)本案例教学目的在于使学生了解政府采购工程履约验收的重要性与规范要求,特别是在询价采购这种特殊形式下,履约验收中的注意事项,以及政府采购工程履约验收中的细节要求。

(2)本案例主要适用于政府采购课程中辅助履约验收管理教学。

### (二)启发与思考

如何促进询价采购顺利履约?

### (三)分析思路

本案例的分析思路为,以政府采购招标过程中履约验收环节为切入点,重点分析询价采购中,工程履约验收时应注意的法律要求和事项,使学生充分认识履约验收的重要性和容易出现的问题。

### (四)法律依据

《政府采购法》

第三十二条  采购的货物规格、标准统一、现货货源充足且价格变化幅度小的政府采购项目,可以依照本法采用询价方式采购。

第四十一条  采购人或者其委托的采购代理机构应当组织对供应商履约的验收。大型或者复杂的政府采购项目,应当邀请国家认可的质量检测机构参加验收工作。验收方成员应当在验收书上签字,并承担相应的法律责任。

### (五)关键要点

了解询价采购履约验收管理的重要性与需要注意的细节问题,思考促进询价采购履约验收顺利的方法。

### (六)课堂计划建议

(1)总结我国政府采购工程履约验收管理的规律和常见问题。

(2)课堂讨论。

### (七)案例答案建议

(1)供货商行为不当,应受处罚。

(2)解决办法包括以下六点:对违约行为要约定处罚条款;借鉴公开招标,对采用询价采购方式的重点项目实行履约保证金和出货证明制度;在验收数量相对较大的货物时,应建议采购单位进行集中抽检;对需要安装的项目,交货时采购单位负责按合同约定进行初验,检验合格并填写初验单后,供应商才能安装调试设备;建立供应商诚信档案,对违约供应商除了没收履约保证金外,还要记录在案,并禁止其在一定时期内参加当地政府采购活动;定期对参与政府采购活动的供应商开展法规知识培训,并要求首次参与采购活动的供应商签订诚信承诺书,强化其中标(成交)后按合同履约的意识。

案例来源:http://www.caigou2003.com/cz/aldp/2015-03-04/25568.html。

## 案例四 履约验收不畅

### 一、案例正文

【摘要】本案例以某市政府采购项目履约验收为例,探索履约验收不畅的问题,并提出加强沟通的解决方法。本案例分析可以为政府采购工程履约验收工作提供参考。

【关键词】履约验收 保证金制度 询价采购

(一)案例背景

1.概况

2012年3月,某政府采购中心受教育部门委托,对一教学用摄像机项目进行网上二次询价采购,项目预算4.5万元。采购中心在网上发布相关采购信息后,多家入围供应商根据相关要求提交了报价文件。其中,A公司的所有资质均符合采购人的要求,并且价格最低。经询价小组确认,该公司得到成交机会。

2.履约验收过程

A公司在得到通知后,随即将采购人所需的摄像机送交采购单位,并派技术人员现场指导如何正确使用该产品以及注意事项,采购人在验收过程中无任何疑问。

而后采购人却向采购中心提出书面质疑,反映该供货单位未按采购文件的要求提供产品,相关配置不符合自己的要求:一是供应商所供的物品为裸机,无随机SXS卡,价格却与有SXS卡的机器一样;二是供应商所提供的SD储存卡无法进行长时间录像,不能满足采购人的工作需要,也不符合采购文件要求。基于上述原因,采购人要求采购中心责成供应商给予该产品退货处理。

对于教育部门提出的书面质疑,采购中心在第一时间会同质量监督部门进行了综合调查。首先,A 公司的各项技术指标均符合采购要求。其次,认真审核采购人出具的产品验收报告,发现验收报告中反映的内容均和采购文件相符。同时,采购中心和 A 公司所提供产品的生产厂家取得联系,就采购人所反映的几个问题进行咨询,包括购买该型号摄像机的标准配置有哪些,SD 储存卡是否适用于该摄像机,SD 卡是否可以代替 SXS 卡正常使用,SD 卡长时间使用是否会影响机器正常工作等。对方明确答复说,该机器的标准配置有机身、镜头盖、红外遥控器、USB 线、AV 复合视频线、电池、电池适配器等,不包括 SXS 存储卡。SD 卡在安装适配器后可以代替 SXS 卡在该摄像机上使用,并且长时间使用并不影响该机器正常工作。

采购中心随后组织本地几家数码产品销售企业,就采购人所反映的相关问题进行咨询,得到的答复基本相同。于是,采购中心认定采购人的质疑理由不成立。

(二)课堂讨论

本次履约验收为何会出现争议,其中有何深层次问题?

采购中心针对教育部门对项目合同履行中产生的疑问,在充分做好市场调查和研究后,认为该项目主要存在以下几个问题:一是采购人未将自己所要购置的摄像机的需求表述清楚,只是要求配置 32G×2 储存卡,未明确是否要配置 SXS 储存卡;二是采购人所说的该机器价格是指包含 SXS 卡的价格,经多方核实这一点缺少事实依据,所谓的机器价格过高也不成立;三是采购项目合同验收环节薄弱,成交供应商 A 公司将所需产品送交采购人时,后者已经逐项检查验收并安装调试和使用,出具了验收书面报告,在全部验收过程中没有提出任何疑问。

鉴于采购人、供应商所发生的关于 SXS 卡的争议,采购中心及时进行调解、协调和处理。采购中心在充分听取双方的意见后拿出了最终处理办法,得到了双方的认可。

A 供应商在协调会上承诺,如果采购人确实需更换 SXS 存储卡,他们将原价收回已安装使用的 SD 卡,并以本地区最优惠的价格提供给采购人所要配置的 SXS 卡,积极配合和支持本地政府采购工作。采购人也同时表明了态度,今后要认真验收政府采购合同,及时配合做好政府采购项目资金的支付工作。当事双方态度积极,现场气氛和谐,协调处理结果也令双方当事人十分满意。

## 二、案例使用说明

### (一)教学目的与用途

(1)本案例教学目的在于使学生了解政府采购工程履约验收过程中的细节问题,特别是面对履约验收不顺的问题,应该如何解决。

(2)本案例主要适用于政府采购课程中辅助履约验收管理教学。

### (二)启发与思考

(1)如何才能避免本次履约验收中采购人的随意指控问题?

(2)面对履约验收过程中的争议,应该如何解决?

### (三)分析思路

本案例的分析思路为,以政府采购招标中的履约验收问题为切入点,重点分析履约验收过程中解决争议的方法,使学生充分认识履约验收中沟通的重要性。

### (四)法律依据

《政府采购法》

第四十一条 采购人或者其委托的采购代理机构应当组织对供应商履约的验收。大型或者复杂的政府采购项目,应当邀请国家认可的质量检测机构参加验收工作。验收方成员应当在验收书上签字,并承担相应的法律责任。

第四十三条 政府采购合同适用合同法。采购人和供应商之间的权利和义务,应当按照平等、自愿的原则以合同方式约定。

采购人可以委托采购代理机构代表其与供应商签订政府采购合同。由采购代理机构以采购人名义签订合同的,应当提交采购人的授权委托书,作为合同附件。

第五十条 政府采购合同的双方当事人不得擅自变更、中止或者终止合同。

政府采购合同继续履行将损害国家利益和社会公共利益的,双方当事人应当变更、中止或者终止合同。有过错的一方应当承担赔偿责任,双方都有过错的,各自承担相应的责任。

### (五)关键要点

在政府采购过程中,交易双方在履约验收环节发生争议,应如何解决?

### (六)课堂计划建议

(1)总结我国政府采购工程履约验收管理的规律和常见问题。

(2)课堂讨论。

### （七）案例答案建议

采购人与供货商产生争议时应当加强沟通，许多沟通可以解决的问题，通过私下渠道解决既方便快捷又有效。协商解决不成的，可以请求财政部门进行调解；调解不成的，可以提交仲裁委员会仲裁或者向人民法院提出民事诉讼。

案例来源：http://www.caigou2003.com/cz/aldp/2015-03-04/25679.html.

## 案例五　中标后的再次检测

### 一、案例正文

**【摘要】** 本案例以某市政府采购项目履约验收为例，关于履约验收的检验次数，代理机构与供货商产生了争议。本案例分析可以为政府采购工程履约验收工作提供参考。

**【关键词】** 履约验收　保证金制度　询价采购

### （一）案例背景

**1. 概况**

某单位采购食用物质，对于验收环节供应商与代理机构产生争议。

**2. 履约验收过程**

某单位采购食用物质，招标文件中要求所有投标供应商提供用无色透明塑料袋密封包装的大米样品一公斤，中标供应商在中标后，需要将准备的大米作为验收的对照实物，若不符合要求，则取消中标资格；并且今后每三个月从验收合格的大米中抽取一公斤大米样品替换旧样品。

招标文件发出后，有供应商向代理机构提起质疑，提出样品的提供方式不符合《政府采购货物和服务招标投标管理办法》（财政部令第87号）对样品的相关规定。代理机构认为提供样品是为了保证验收的质量，同时替换样品也是为了保证履约期货物的质量。供应商不服代理机构的答复，向同级财政部门进行投诉。

在处理投诉中，财政部门认为采购人应当加强履约验收，样品是佐证技术参数，评审委员会应当对所有供应商提供的样品进行评审，而该项目中要求中标供应商在中标后将样品提供给采购人不符合法律规定。

### （二）课堂讨论

本次履约验收为何会出现争议，事后检测样品作为验收的结果是否合规？

在某些政府采购项目中，样品具有举足轻重的作用，仅凭书面方式不能准确描述出采购需求,需要对样品进行主观判断以确认是否满足采购需求。采购人要求供应商提供一公斤的样品是合理的。

但是《政府采购法实施条例》第四十四条规定,采购人或者采购代理机构不得通过对样品进行检测、对供应商进行考察等方式改变评审结果。同时,对于样品的保存与退还,中标候选人的投标样品,在评审结束后,应及时进行封存作为日后验收的依据;非中标候选人的投标样品,如对评审结果无异议的,可在评标结束后,经供应商代表签字确认后退还。样品封存后由采购人妥善保存,出现丢失、损坏、擅自更换和篡改标识的,采购人承担责任。

## 二、案例使用说明

### (一)教学目的与用途

(1)本案例教学目的在于使学生了解政府采购工程履约验收中样本的重要性及与其有关的规范要求,加深学生对于相关法律法规与实务操作的理解和认知。

(2)本案例主要适用于政府采购课程中辅助履约验收管理教学。

### (二)启发与思考

中标后,采购人是否可以再对样品进行检测,并改变采购结果?

### (三)分析思路

本案例的分析思路为,以政府采购招标过程中的履约验收环节为切入点,重点分析工程履约验收中关于样品的相关法律法规、注意事项,使学生充分认识履约验收的重要性和容易出现的问题。

### (四)法律依据

(1)《政府采购法实施条例》

第四十四条 除国务院财政部门规定的情形外,采购人、采购代理机构不得以任何理由组织重新评审。采购人、采购代理机构按照国务院财政部门的规定组织重新评审的,应当书面报告本级人民政府财政部门。

采购人或者采购代理机构不得通过对样品进行检测、对供应商进行考察等方式改变评审结果。

(2)《政府采购货物和服务招标投标管理办法》(财政部令第87号)

第二十二条 采购人、采购代理机构一般不得要求投标人提供样品,仅凭书面方式不能准确描述采购需求或者需要对样品进行主观判断以确认是否满足采购需求等特殊情况除外。

要求投标人提供样品的,应当在招标文件中明确规定样品制作的标准和要求、是否需要随样品提交相关检测报告、样品的评审方法以及评审标准。需要随样品提交检测报告的,还应当规定对检测机构的要求、检测内容等。

采购活动结束后,对于未中标人提供的样品,应当及时退还或者经未中标人同意后自行处理;对于中标人提供的样品,应当按照招标文件的规定进行保管、封存,并作为履约验收的参考。

(五)关键要点

熟悉履约验收环节有关样品的相关法律法规及实务操作流程。

(六)课堂计划建议

(1)总结我国政府采购工程履约验收管理的规律和常见问题。

(2)课堂讨论。

(七)案例答案建议

根据相关法律法规,本案例中事后检测样品并改变结果的做法是不合规的。

案例来源:http://www.caigou2003.com/cz/aldp/3452162.html.

# 案例六 验收时发现所购非所需

## 一、案例正文

【摘要】本案例以某市采购项目履约验收为例。其中工程履约验收决定着采购人最终是否能够获得心仪的产品。但在履约验收时,有时采购人却会面临进退两难的问题。本案例分析可以为政府采购工程履约验收工作提供参考。

【关键词】履约验收 公共利益 中止程序

(一)案例背景

1. 概况

某市一博物馆因楠木厅布展需要而对展厅进行重新装修,采购品目为空调及灯光设备。为了保证博物馆的展出效果,采购人要求空调的安装方式为"落地暗藏式"。但该特殊采购需求,招标文件中并未以实质性条款加以载明,而只是规定了负偏离的扣分值。

该项目在评审过程中,专家发现有部分投标人投标的空调安装方式是"落地暗藏式",但有的不是。根据招标文件规定的负偏离扣分规定,评审专家对空调安装方式不是"落地暗藏式"的投标人的投标文件一一做了扣分处理,并最终确定第一中标候选人。

2. 履约验收过程

中标结果出来后,采购人发现第一中标候选人的空调安装方式并非"落地暗藏式",不满足采购需求,要求废标,并将采购文件中空调安装方式"落地暗藏式"设为实质性要求而非负偏离扣分后重新开展招标活动。

但第一中标候选人认为这种情形不符合《政府采购法》规定的四种废标情形:①实质性响应的供应商不足三家;②出现影响采购公正的违法、违规行为;③投标人报价均超过采购预算;④因重大变故,采购任务取消。因此坚持此次项目采购结果有效。

两方各自坚持,最后提请当地财政部门处理。

(二)课堂讨论

可否废标?若不可应该怎么办?若废标供应商利益如何补偿?

(1)该项目不应走废标程序,而应走中止程序。一方面,正如案例中第一中标候选人所述,该项目确实不符合《政府采购法》第三十六条所规定的四种废标情形中的任何一种,废标缺乏法律依据。另一方面,根据《政府采购法》第五十条规定:"政府采购合同继续履行将损害国家利益和社会公共利益的,双方当事人应当变更、中止或者终止合同。"对于该案例来说,如果不采用"落地暗藏式"的空调,必然大大损害博物馆的展览价值,出现"损害国家利益和社会公共利益"的情形。财政部门据此应对该项目实施中止程序,这是解决这一项目问题的有效和有据的方法。

(2)供应商的损失应予赔偿。在该项目中,采购人和采购代理机构对采购需求没有描述清楚,而供应商没有过错。所以,采购代理机构及采购人要赔偿供应商在此次采购活动中的直接损失,包括购买标书费、标书制作费用、人工费用、交通费用等能够直接计算的费用。

## 二、案例使用说明

(一)教学目的与用途

(1)本案例教学目的在于使学生了解政府采购工程履约验收的重要性,以及在履约验收后面对实际问题的应对策略。

(2)本案例主要适用于政府采购课程中辅助履约验收管理教学。

(二)启发与思考

(1)该项目可否走废标程序?财政部门该如何处理?

(2)由此造成的损失赔偿如何认定?

(三)分析思路

本案例的分析思路为,以政府采购招标过程中的履约验收为切入点,结合相关法律法规,寻找在既有法律框架下公共利益与企业利益的均衡点。

### (四)法律依据

(1)《政府采购法实施条例》

第四十四条　除国务院财政部门规定的情形外,采购人、采购代理机构不得以任何理由组织重新评审。采购人、采购代理机构按照国务院财政部门的规定组织重新评审的,应当书面报告本级人民政府财政部门。

采购人或者采购代理机构不得通过对样品进行检测、对供应商进行考察等方式改变评审结果。

(2)《政府采购法》

第三十六条　在招标采购中,出现下列情形之一的,应予废标:

(一)符合专业条件的供应商或者对招标文件作实质响应的供应商不足三家的;

(二)出现影响采购公正的违法、违规行为的;

(三)投标人的报价均超过了采购预算,采购人不能支付的;

(四)因重大变故,采购任务取消的。

废标后,采购人应当将废标理由通知所有投标人。

第五十条　政府采购合同的双方当事人不得擅自变更、中止或者终止合同。

政府采购合同继续履行将损害国家利益和社会公共利益的,双方当事人应当变更、中止或者终止合同。有过错的一方应当承担赔偿责任,双方都有过错的,各自承担相应的责任。

### (五)关键要点

根据履约验收相关的法律法规,如何兼顾公共利益与企业合法权益?

### (六)课堂计划建议

(1)总结我国政府采购工程履约验收管理的规律和常见问题。

(2)课堂讨论。

### (七)案例答案建议

在本次政府采购案中供应商行为合法合规,没有过错。采购人与代理机构没有明确描述自身需求,存在过错。为了维护公共利益,本次政府采购应该中止,同时相关方面应补偿供应商的损失。

案例来源:http://www.caigou2003.com/cz/aldp/2186713.html。

# 案例七 评审与验收双失误

## 一、案例正文

**【摘要】**本案例以某市政府采购项目评审和履约验收为例,评审和履约验收均是政府采购中的重点环节,若是出现评审与履约验收环节统统失灵的情况,会对采购人的利益造成很大损害。本案例分析可以为政府采购工程评审和履约验收工作提供参考。

**【关键词】**履约验收 评标 专家责任

(一)案例背景

**1. 概况**

某市市政单位在三年前通过政府采购来的一批垃圾承运车辆没有国家有关部门发放的合格证,在公安机关的车辆管理所上不了牌照。这批车辆的生产供应商投标时提供了假合格证,而且评审中还骗过了专家,并顺利中标。

**2. 履约验收过程**

在该供应商提供货物履约时,负责采购的上级主管部门直接将车分给下级单位使用,由使用单位上牌。下级使用单位无法上牌,上报后也不了了之。但使用单位也没当回事,这批垃圾运输车的款项也正常支付了,造成在以后的三年中,这些车辆一直处于"无牌作业"的状态。

(二)课堂讨论

该案例中,出现了哪些错误导致了现在的问题?

(1)评审专家有直接过错。在该案例中,评审委员没有发现投标供应商使用虚假资质投标,这一方面,反映了专家的专业性不足;另一方面,说明专家不负责任。

(2)采购人没有尽到职责。当采购人所采购的车辆在使用前无法正常上牌照时,应当立即上报主管部门解决问题。但该项目中,采购人没有尽到责任,采购人在明知车辆上不了牌的情况下,却依然支付了货款。

(3)供应商存在违法行为。该供应商通过提供虚假材料谋取中标是违法的。

(4)采购代理机构没有过错。法律规定评审委员会对投标供应商进行资格性检查和符合性检查,采购代理机构对此无责任。

## 二、案例使用说明

### (一)教学目的与用途

(1)本案例教学目的在于使学生了解政府采购工程中评审和履约验收的重要性,注意事项与细节要求,培养学生的专业责任感。

(2)本案例主要适用于政府采购课程中辅助履约验收管理教学。

### (二)启发与思考

(1)针对这一项目采购中出现的问题,各方责任该如何认定?

(2)我们应该从中得到什么启示?

### (三)分析思路

本案例的分析思路为,以政府采购招标过程中评审与履约验收为切入点,结合相关法律法规,探讨这一案例中的各方责任,并总结经验教训。

### (四)法律依据

(1)《政府采购货物和服务招标投标管理办法》(财政部令第 87 号)

第四十九条　评标委员会成员应当履行下列义务:

(一)遵纪守法,客观、公正、廉洁地履行职责;

(二)按照招标文件规定的评标方法和评标标准进行评标,对评审意见承担个人责任;

(三)对评标过程和结果,以及供应商的商业秘密保密;

(四)参与评标报告的起草;

(五)配合财政部门的投诉处理工作;

(六)配合招标采购单位答复投标供应商提出的质疑。

(2)《政府采购法》

第七十七条　评标委员会成员有下列行为之一的,责令改正,给予警告,可以并处 1 千元以下的罚款:

(一)明知应当回避而未主动回避的;

(二)在知道自己为评标委员会成员身份后至评标结束前的时段内私下接触投标供应商的;

(三)在评标过程中擅离职守,影响评标程序正常进行的;

(四)在评标过程中有明显不合理或者不正当倾向性的;

(五)未按招标文件规定的评标方法和标准进行评标的。

上述行为影响中标结果的,中标结果无效。

第七十九条　任何单位或者个人非法干预、影响评标的过程或者结果的,责令改正;由该单位、个人的上级行政主管部门或者有关机关给予单位责任人或者个人处分。

### (五) 关键要点

在现今法律法规框架下,思考该案例中各行为主体的责任。

### (六) 课堂计划建议

(1) 总结我国政府采购工程履约验收管理的规律和常见问题。
(2) 课堂讨论。

### (七) 案例答案建议

(1) 评审专家有直接过错。在该案例中,评审委员会在资格性检查中没有发现投标供应商使用虚假资质投标。

(2) 采购人没有尽到职责。采购人在明知车辆上不了牌的情况下,却依然支付了货款。

(3) 供应商提供虚假材料谋取中标违法。

案例来源:http://www.caigou2003.com/zhengcaizixun/baozhiwenzhang/2329993.html。

## 案例八 履约验收发现供货商以次充好

### 一、案例正文

【摘要】本案例以某市政府采购项目履约验收为例,政府采购中工程履约验收决定着采购人最终是否能够获得心仪的产品,以次充好会对采购人的利益造成很大损害,此时履约验收工作就显得很重要了。本案例分析可以为政府采购工程履约验收工作提供参考。

【关键词】履约验收 评标 专家责任

(一) 案例背景

**1. 概况**

2003年7月,某市某局通过政府采购购买HP5000打印机两台。

**2. 履约验收过程**

在验收过程中,验收人员发现,供应商提供的货物型号为HP5000LE,与合同上的HP5000型号差两个字母,其功能和价格却不同,验收人员当即指出型号不对,要求更换为合同规定型号的产品。供应商却提出,HP5000库存不足,如同意接受HP5000LE,供应商将向验收人员个人提供两块优盘等作为补偿,验收人员再次予以拒绝。两天以后,供应商终于提供了HP5000,经过检查发现打印机内部的原装HP硒鼓被更换为杂牌硒鼓,该局及时将以上情况向该市政府采购中心反映。

某市政府采购中心经过调查核实后,对该供应商做出了处罚:没收其违约金,暂停其参加政府采购资格,时间为半年。

(二)课堂讨论

如何评价在该案例中各方的行为?

验收人员恪尽职守,维护了采购人的利益。

验收人员应具备与采购项目相关的专业知识和实践经验,本单位专业技术人员不足的,应邀请相关技术人员参加验收;同时在验收工程中要提高警惕,严格把关,防止不法供应商采取不正当手段损害采购人权益。

依据《政府采购法》第七十七条规定,供应商的行为违法应承担责任和接受处罚。

## 二、案例使用说明

(一)教学目的与用途

(1)本案例教学目的在于使学生了解政府采购工程中履约验收的重要性与规范要求,以及面对供货商得标后以次充好的行为,应如何处理。

(2)本案例主要适用于政府采购课程中辅助履约验收管理教学。

(二)启发与思考

履约验收中发现供货商以次充好,采购人应如何应对?

(三)分析思路

本案例的分析思路为,以政府采购招标过程中履约验收为切入点,重点分析在现今法律法规框架下,如何做好履约验收工作,把好产品质量关。

(四)法律依据

(1)《政府采购货物和服务招标投标管理办法》(财政部令第87号)

第七十三条　采购人与中标人应当根据合同的约定依法履行合同义务。政府采购合同的履行、违约责任和解决争议的方法等适用《中华人民共和国合同法》。

第七十五条　采购人应当加强对中标人的履约管理,并按照采购合同约定,及时向中标人支付采购资金。对于中标人违反采购合同约定的行为,采购人应当及时处理,依法追究其违约责任。

(2)《政府采购法》

第七十七条　供应商有下列情形之一的,处以采购金额千分之五以上千分之十以下的罚款,列入不良行为记录名单,在一至三年内禁止参加政府采购活动,有违法所得的,并处没收违法所得,情节严重的,由工商行政管理机关吊销营业执照;

构成犯罪的,依法追究刑事责任:

(一)提供虚假材料谋取中标、成交的;

(二)采取不正当手段诋毁、排挤其他供应商的;

(三)与采购人、其他供应商或者采购代理机构恶意串通的;

(四)向采购人、采购代理机构行贿或者提供其他不正当利益的;

(五)在招标采购过程中与采购人进行协商谈判的;

(六)拒绝有关部门监督检查或者提供虚假情况的。

供应商有前款第(一)至(五)项情形之一的,中标、成交无效。

(五)关键要点

了解相关法律法规,明确履约验收环节的重要性与实际操作中应当注意的事项。

(六)课堂计划建议

(1)总结我国政府采购工程履约验收管理的规律和常见问题。

(2)课堂讨论。

(七)案例答案建议

(1)验收人员应具备与采购项目相关的专业知识和实践经验,同时在验收工程中要严格把关,防止不法供应商采取不正当手段损害采购人权益。

(2)供应商的违法行为应承担责任和接受处罚。

案例来源:http://www.caigou2003.com/cz/czsw/1650942.html.

# 第六章 政府采购评审管理案例

## 案例一 评审专家资格争议

### 一、案例正文

**【摘要】** 本案例以某项目招标一事,从采购评审管理角度,对招标过程中出现的问题进行分析;评审专家作为评审委员会的成员,是各方重点检视的对象。本案例分析可以为规范工程招标过程,特别是政府采购评审管理提供帮助。

**【关键词】** 政府采购评审 利害关系 重新组织采购

(一)案例背景

1. 工程概况

某市采购代理机构组织某工程造价咨询服务资格项目采购,项目预算金额超千万,几十家投标人参与投标。评审结束后,经采购人确认采购结果,采购代理机构发布中标结果公告。

2. 评标过程

中标公告发布后,共有A、B、C、D四家投标人针对评审过程和结果向采购代理机构提出质疑,质疑内容包含整个项目评审时间较短、未按要求公布所有中标人得分情况(包括各个指标得分及计算方法,以及计算分数所依据的资料),并且认为个别评委与中标人存在利害关系,影响结果的公正性。收到采购代理机构质疑答复书后,四家投标人均表示对质疑答复不满,分别向财政部门提出了投诉。

财政部门调查核实发现,原评审委员会中L专家虽然与Z公司解除了劳动关系,但其造价工程师注册的单位仍是Z公司,而Z公司为本项目中标人之一的J公司投资企业。同时,L专家凭该注册造价工程师的资质受聘为该市政府采购评审专家。鉴于此种关系,财政部门认为,本项目评审委员会中的L专家与中标人之一的J公司存在利害关系而未主动回避,判定本项目中标结果无效,采购人依法重新组织采购。

## (二)课堂讨论

**如何看待评审专家应回避而未回避?**

本案例中,虽然 L 专家回避的原因不属于《政府采购法实施条例》第九条第一款中的四种具体的回避情形,但其所拥有的资质证书还是与投标人产生了利害关系,同时凭借此资质证书才能让其成为一名政府采购的评审专家。所以,L 专家的评审活动影响了本次政府采购活动的公平、公正性,也正是《政府采购法实施条例》第九条第一款第五项所规定的回避情形。

采购代理机构在评审前要对评审专家进行风险提示,对于应回避而未回避所产生的后果应承担相应责任。在评审前一旦确定自身身份与参评项目存在利益冲突,要向代理机构提出,以免造成不利影响。可丰富专家库的信息,如本案例中评审专家资质证书的注册单位等。

采购代理机构利用信息系统模糊对比的方式查询,对专家的回避情形进行预警。财政部门可建立评审专家信用档案制度,实行动态考核。考核情况在政府采购网上通报。考核不合格的,取消其专家资格,同时书面函告其工作单位。

## 二、案例使用说明

### (一)教学目的与用途

(1)本案例教学目的在于使学生了解政府采购评审环节的重要性与规范要求,进而对相关法律与规定产生更深入的理解与把握。

(2)本案例主要适用于政府采购课程中辅助采购招评标管理教学。

### (二)启发与思考

(1)如何准确判断评审专家与投标人之间的利害关系?

(2)如何看待评审专家应回避而未回避?以及如何防止此现象再次发生?

### (三)分析思路

本案例的分析思路为,以政府采购评标过程中相关环节的管理为切入点,重点分析工程招标中评审委员会组成应注意的细节,使学生充分认识评标管理的重要性和容易出现的问题。

### (四)法律依据

(1)《政府采购法》

第十二条 在政府采购活动中,采购人员及相关人员与供应商有利害关系的,必须回避。供应商认为采购人员及相关人员与其他供应商有利害关系的,可以申请其回避。

前款所称相关人员,包括招标采购中评标委员会的组成人员,竞争性谈判采购中谈判小组的组成人员,询价采购中询价小组的组成人员等。

(2)《政府采购法实施条例》

第九条 在政府采购活动中,采购人员及相关人员与供应商有下列利害关系之一的,应当回避:

(一)参加采购活动前3年内与供应商存在劳动关系;

(二)参加采购活动前3年内担任供应商的董事、监事;

(三)参加采购活动前3年内是供应商的控股股东或者实际控制人;

(四)与供应商的法定代表人或者负责人有夫妻、直系血亲、三代以内旁系血亲或者近姻亲关系;

(五)与供应商有其他可能影响政府采购活动公平、公正进行的关系。

供应商认为采购人员及相关人员与其他供应商有利害关系的,可以向采购人或者采购代理机构书面提出回避申请,并说明理由。采购人或者采购代理机构应当及时询问被申请回避人员,有利害关系的被申请回避人员应当回避。

(五)关键要点

了解政府采购工作中评审管理的重要性,了解评审环节的重要细节问题。

(六)课堂计划建议

(1)总结我国政府采购工程评标管理的规律。

(2)课堂讨论。

(七)案例答案建议

招标单位或采购代理机构对采购评审相关法律了解不足,未能组织合法的评审委员会,该招标结果无效,应重新组织评审委员会,并向财政部门作书面报告。

案例来源:http://www.caigou2003.com/cz/aldp/4416325.html.

## 案例二 招标加分项引发争议

### 一、案例正文

【摘要】本案例以某市文化馆项目评标为例,从采购评审管理角度,对招标中应注意的问题进行分析。在招标文件中,加分项目总是吸引着人们的目光,加分项目设置是否科学,关系着招标工作的公平性。本案例分析可以为采购工程评审工作提供参考。

【关键词】驰名商标 评审因素 促进中小企业发展

## (一)案例背景

### 1. 工程概况

某市文化馆为家具项目公开招标。

### 2. 招标投标过程

某市文化馆家具项目招标文件规定,生产厂家获得"中国驰名商标"证书得 2 分。对此,投标人 A 公司认为此项设置存在排他性,违反公平公正原则,随后向采购代理机构提出质疑。

该项目采购代理机构给予书面回复,称目前市场上有很多家具生产厂家满足此项设置条件,并且列举了近 20 家"中国驰名商标"家具企业名单。

## (二)课堂讨论

评审因素设置"中国驰名商标"加分项是否合理?

采购人希望所采购货物的质量有保障,但是评分因素和评分标准既要与采购项目的具体特点和实际需要相适应,也要符合法律法规和相关政策要求。

本案例所述情形涉嫌以不合理的条件对供应商实行差别待遇或者歧视待遇,原因有四点:

一是与项目特点及实际需要不相适应。根据《中华人民共和国商标法》(以下简称《商标法》)、《驰名商标认定和保护规定》以及《最高人民法院关于审理涉及驰名商标保护的民事纠纷案件应用法律若干问题的解释》(法释〔2009〕3 号)等有关规定,驰名商标制度的意义主要在于保护被公众所熟知的商标不被他人注册或使用。也就是说,"中国驰名商标"并不属于企业业绩、荣誉、商品质量认证或信用评价等,将其设置为加分条件,与采购项目的具体特点和实际需要不相适应或者与合同履行无关。

二是未正确区分正当使用与违法使用驰名商标的界限。《商标法》第十四条第五款规定,生产、经营者不得将"驰名商标"字样用于商品、商品包装或者容器上,或者用于广告宣传、展览以及其他商业活动中。《国家知识产权局关于加强查处商标违法案件中驰名商标保护相关工作的通知》(国知发保函字〔2019〕229 号)第二条规定,"将'驰名商标'字样视为荣誉称号并突出使用,用于宣传企业或推销企业经营的商品或服务,则应依据《商标法》第十四条第五款规定进行查处"。本案例中,该项目采购人或代理机构有意淡化驰名商标认定与保护的法律性质,不能正确区分"驰名商标"字样正当使用与违法使用的界限,与上述相关规定精神相违背。

三是限制中小微企业参与政府采购活动。驰名商标企业的规模、经营时间和营业收入则必然是中小微企业无法比拟的。显然,这不符合《政府采购促进中小企业发展管理办法》(财库〔2020〕46 号)规定的核心要义。

四是限制潜在供应商公平竞争机会。本案例中将"中国驰名商标"作为加分项,歧视了非驰名商标品牌的供应商,排除或限制了潜在供应商公平参加竞争的机会,不符合《优化营商环境条例》第十三条等规定以及其他地方政策性要求。

## 二、案例使用说明

### (一)教学目的与用途

(1)本案例教学目的在于使学生了解政府采购评审环节的重要性,使学生加强对招标文件重要性的认知,进而对相关法律与规定产生更深入的理解与把握。

(2)本案例主要适用于政府采购课程中辅助采购招评标管理教学。

### (二)启发与思考

(1)采购人在评审因素中设置"中国驰名商标"这一加分项的目的是什么?

(2)采购人设置这一加分项是否合理?

(3)采购人相关回应是否合理?

### (三)分析思路

本案例的分析思路为,以政府采购招标过程中的评审环节为切入点,重点分析工程招标中的招标文件是否合法合规,使学生充分认识到招标评审环节的重要性和容易出现的问题。

### (四)法律依据

(1)《政府采购法实施条例》

第二十条 采购人或者采购代理机构有下列情形之一的,属于以不合理的条件对供应商实行差别待遇或者歧视待遇:

(一)就同一采购项目向供应商提供有差别的项目信息;

(二)设定的资格、技术、商务条件与采购项目的具体特点和实际需要不相适应或者与合同履行无关;

(三)采购需求中的技术、服务等要求指向特定供应商、特定产品;

(四)以特定行政区域或者特定行业的业绩、奖项作为加分条件或者中标、成交条件;

(五)对供应商采取不同的资格审查或者评审标准;

(六)限定或者指定特定的专利、商标、品牌或者供应商;

(七)非法限定供应商的所有制形式、组织形式或者所在地;

(八)以其他不合理条件限制或者排斥潜在供应商。

(2)《政府采购促进中小企业发展管理办法》

第五条 采购人在政府采购活动中应当合理确定采购项目的采购需求,不得以企业注册资本、资产总额、营业收入、从业人员、利润、纳税额等规模条件和财务指标作为供应商的资格要求或者评审因素,不得在企业股权结构、经营年限等方面对中小企业实行差别待遇或者歧视待遇。

(3)《商标法》

第十四条 驰名商标应当根据当事人的请求,作为处理涉及商标案件需要认定的事实进行认定。认定驰名商标应当考虑下列因素:

(一)相关公众对该商标的知晓程度;

(二)该商标使用的持续时间;

(三)该商标的任何宣传工作的持续时间、程度和地理范围;

(四)该商标作为驰名商标受保护的记录;

(五)该商标驰名的其他因素。

在商标注册审查、工商行政管理部门查处商标违法案件过程中,当事人依照本法第十三条规定主张权利的,商标局根据审查、处理案件的需要,可以对商标驰名情况作出认定。

在商标争议处理过程中,当事人依照本法第十三条规定主张权利的,商标评审委员会根据处理案件的需要,可以对商标驰名情况作出认定。

在商标民事、行政案件审理过程中,当事人依照本法第十三条规定主张权利的,最高人民法院指定的人民法院根据审理案件的需要,可以对商标驰名情况作出认定。

生产、经营者不得将"驰名商标"字样用于商品、商品包装或者容器上,或者用于广告宣传、展览以及其他商业活动中。

(4)《优化营商环境条例》(国务院令第722号)

第十三条 招标投标和政府采购应当公开透明、公平公正,依法平等对待各类所有制和不同地区的市场主体,不得以不合理条件或者产品产地来源等进行限制或者排斥。

政府有关部门应当加强招标投标和政府采购监管,依法纠正和查处违法违规行为。

(五)关键要点

了解政府采购工程招标管理的重要性与招标文件制定的细节问题,重点分析招标文件中加分项设置问题。

(六)课堂计划建议

(1)总结我国政府采购工程招标管理的规律。

(2)课堂讨论。

(七)案例答案建议

评审要素设置"中国驰名商标"加分项不合理,涉嫌以不合理的条件对供应商实行差别待遇或歧视待遇。

案例来源:http://www.nmgp.gov.cn/2020/07/102609.html。

# 案例三　评审要素争议

## 一、案例正文

**【摘要】**本案例以某市高校新校区服务项目招标为例,从采购评审管理角度,对采购工程评标中应注意的问题进行分析。在招标文件中,评审要素时常成为关注的焦点,能否恰当设置评审要素,关系到招标工作的公平性。本案例分析可以为政府采购工程评标工作提供参考。

**【关键词】**荣誉奖项　中小企业　评审要素

（一）案例背景

**1. 工程概况**

某政府采购中心受委托,对某高校新校区的服务项目进行公开招标。采购人要求在招标文件中设定:获得"重合同守信用"证书的单位加 3 分,获得行业协会颁发的"优秀供应商"称号的单位加 2 分。

**2. 招标投标过程**

招标公告发布后,有供应商提出质疑,认为评标办法中设定的荣誉证书加分项违背了《政府采购货物和服务招标投标管理办法》（财政部令第 87 号,以下简称"87 号令"）第十七条规定:"不得将投标人的注册资本、资产总额、营业收入、从业人员、利润、纳税额等规模条件作为资格要求或者评审因素"。

（二）课堂讨论

荣誉奖项作为评审要素是否合法？

（1）荣誉奖项一般不可作为资格条件。

由于荣誉证书、奖项一般不是法定许可资质,所以荣誉奖项一般不可作为资格条件。不过,将荣誉证书、奖项作为评审要素的做法,在实践中较为普遍。

有些从业人员认为,将诸如"重合同守信用"单位、"优秀供应商"等荣誉奖项作为加分项,既可以对供应商综合实力、履约信用进行考察,也可以对优秀企业进行鼓励。因此,将荣誉证书、奖项作为评审要素合理合法。

（2）部分荣誉奖项隐含不合理限制条件。

"重合同守信用"单位的申报条件和评价指标中体现了企业成立年限、市场占有率、注册资本、资产总额、营业收入、从业人员、利润等规模条件指标,如果将其作为加分项,实际上隐含的限制条件起到变相限制效果,属于违法。

如果荣誉奖项的申报条件及评价标准涉及企业经营年限、注册资金、营业收入、从业人员、纳税、市场占有率等规模条件,就不可以将其作为评审要素;反之,则可以将其作为评审要素。

(3)财政部发文,进一步明确了相关要求。

2019年财政部发布了《关于促进政府采购公平竞争优化营商环境的通知》(财库〔2019〕38号,以下简称"38号文")。38号文要求清理的妨碍公平竞争十种情形中,明确包含了"设置或者变相设置供应商规模、成立年限等门槛,限制供应商参与政府采购活动"。从我国现行法律法规、指导性文件综合来看,如果将隐含限制规模条件的一些荣誉证书作为评审要素,一定程度上造成了歧视中小企业,不符合政府采购扶持中小企业的精神。

综上所述,无论是直接还是间接涉及企业注册资金、营业收入、从业人员、纳税、市场占有率等规模条件,均不能在政府采购活动中设定为资格条件和评审要素。市场上证书众多,将荣誉奖项设为加分项时要格外谨慎。

## 二、案例使用说明

### (一)教学目的与用途

(1)本案例教学目的在于使学生了解政府采购评审环节的重要性,使学生加强对招标文件重要性的认知,进而对相关法律与规定产生更深入的理解与把握。

(2)本案例主要适用于政府采购课程中辅助招标管理教学。

### (二)启发与思考

(1)这些荣誉加分项设立的目的是什么?

(2)这些荣誉加分项的设立,是否违反相关法规?

### (三)分析思路

以政府采购招标过程中的评审环节为切入点,重点分析工程招标过程中评审要素设置是否合法合规,使学生充分认识到招标评审环节的重要性和容易出现的问题。

### (四)法律依据

(1)《政府采购法》

第二十二条 供应商参加政府采购活动应当具备下列条件:

(一)具有独立承担民事责任的能力;

(二)具有良好的商业信誉和健全的财务会计制度;

(三)具有履行合同所必需的设备和专业技术能力;

(四)有依法缴纳税收和社会保障资金的良好记录;

(五)参加政府采购活动前三年内,在经营活动中没有重大违法记录;

(六)法律、行政法规规定的其他条件。

采购人可以根据采购项目的特殊要求,规定供应商的特定条件,但不得以不合理的条件对供应商实行差别待遇或者歧视待遇。

(2)《政府采购货物和服务招标投标管理办法》(财政部令第87号)

第十七条 采购人、采购代理机构不得将投标人的注册资本、资产总额、营业收入、从业人员、利润、纳税额等规模条件作为资格要求或者评审因素,也不得通过将除进口货物以外的生产厂家授权、承诺、证明、背书等作为资格要求,对投标人实行差别待遇或者歧视待遇。

(五)关键要点

了解政府采购工程招标管理的重要性与招标文件制定的细节问题,重点关注招标文件中评审要素设置问题。

(六)课堂计划建议

(1)总结我国政府采购工程招标管理的规律。

(2)课堂讨论。

(七)案例答案建议

该招标文件制定不合理,理由如下:荣誉奖项隐含不合理限制条件,限制了中小企业的市场参与。

案例来源:http://www.caigou2003.com/cz/aldp/4602178.html.

# 案例四 程序异议引发的重新评标

## 一、案例正文

**【摘要】**本案例以某市政工程建设项目评标为例,从采购管理角度,对采购工程评标中应注意的问题进行分析。政府采购中工程评标决定着投标人最终是否能够获得招标人预招标的项目。本案例分析可以为政府采购工程评标工作提供参考。

**【关键词】**重新评标 投标资格 公共资源交易中心

(一)案例背景

**1. 概况**

某国有企业依法必须招标的市政工程建设项目,中央投资金额7000万元,依法在某市公共资源交易中心进行招标投标活动。有16家投标人提交了投标文件。

**2. 评审过程**

在评标过程中,评标委员会认定其中4家的业绩不合格予以否决,其中包括投标人 A。在招标人尚未公示中标候选人之际，投标人 A 即向招标人（招标代理公司）提出异议，认为评标委员会认定 A 公司业绩不合格不妥并提交了相关证据。招标人即向公共资源交易中心提出请原评标委员会据此重新评标的申请。公共资源交易中心受理了招标人的申请，并于当天下午组织原评标委员会对该项目重新评标。第二次评标的结果否定了原第一中标候选人（投标人 B）的资格，推荐异议人 A 为第一中标候选人，并在评标结束后在交易中心网站立即公示。投标人 B 看到公示结果后立即组织本单位和挂靠的投标人对招标人和招标代理公司进行质问，并封堵了其所在的房间，整夜不允许人员出入，要求给出合理解释。直到第二天中午，招标人家属向 110 报警，在警察的干预下投标人 B 才允许招标人及招标代理机构代表离开交易中心。此后，投标人 B 向当地市人大、市纪检监察部门投诉，要求调查此事。市纪检部门收到投诉后责成项目主管和监督管理部门——市住建局处理，但住建局表示，该局是招标人的主管单位不宜处理。最后，该市组织专门调查小组对此事进行调查，联合调查组由市发改委担任组长、监察局担任副组长、住建局和公共资源交易中心为成员对此事进行调查处理。经过调查研究，联合调查组决定重新组建评标委员会对本项目重新评标。

（二）课堂讨论

市政工程建设项目评审中存在哪些问题？

一是投标人 A 的不妥。依据《招标投标法实施条例》（以下简称"条例"）第五十四条第二款规定："投标人或者其他利害关系人对依法必须进行招标的项目的评标结果有异议的，应当在中标候选人公示期间提出。"投标人 A 对中标人的异议没有在规定的期限内提出不妥。依据条例第六十一条第三款："投诉人捏造事实、伪造材料或者以非法手段取得证明材料进行投诉的，行政监督部门应当予以驳回。"投标人 A 提出异议的内容属于保密内容，其获取信息的手段非法，应比照该条规定驳回。

二是投标人 B 的不妥。组织本单位和挂靠单位人员围困招标人涉嫌违法；向市人大、纪检投诉的主体机关不妥，涉及招标程序违法违规的事项应当由行业主管部门受理，除非案情涉及腐败、违纪行为。

三是评标委员会的不妥。没有按照招标文件进行评审，导致对投标人 A 的业绩误判；评委中有可能涉嫌向投标人 A 泄密的情形。

四是招标人不妥。不应受理投标人 A 提出的在公示结果之前提出的异议；针对本次泄密事件没有及时向监督部门报告，要求其处理。

五是公共资源交易中心的不妥。交易中心无权批准原评标委员会对中标候选人的重新确认；再次通知原评标委员会组织评标的行为违法。

六是有关主管和监督部门的不妥。住建局对应当处理的项目不作为；该市政府在住建局推诿后，组织联合调查组进行调查符合情理，但是调查组只能做出建议,无权做出重新评标的决定或其他行政决定(行政行为必须法律授权)。

## 二、案例使用说明

### (一)教学目的与用途

(1)本案例教学目的在于使学生了解政府采购工程管理的重要性,深化学生对政府采购中各环节的认知,提高学生对政府采购的细节把握。

(2)本案例主要适用于政府采购课程中辅助招标管理教学。

### (二)启发与思考

(1)招标单位行为是否妥当?

(2)投标单位行为是否妥当?

(3)评标专家行为是否妥当?

(4)住建局的回应是否正确?

(5)主管和监督部门行为是否妥当?

(6)公共资源交易中心行为是否妥当?

### (三)分析思路

本案例的分析思路为,以政府采购招标过程中的评标环节为切入点,重点分析在政府采购招标过程中各方行为的合理性与合法性,使学生充分认识招标和投标管理的重要性和容易出现的问题。

### (四)法律依据

(1)《招标投标法实施条例》

第五十四条 依法必须进行招标的项目,招标人应当自收到评标报告之日起3日内公示中标候选人,公示期不得少于3日。

投标人或者其他利害关系人对依法必须进行招标的项目的评标结果有异议的,应当在中标候选人公示期间提出。招标人应当自收到异议之日起3日内作出答复;作出答复前,应当暂停招标投标活动。

第五十六条 中标候选人的经营、财务状况发生较大变化或者存在违法行为,招标人认为可能影响其履约能力的,应当在发出中标通知书前由原评标委员会按照招标文件规定的标准和方法审查确认。

第六十一条 投诉人就同一事项向两个以上有权受理的行政监督部门投诉的,由最先收到投诉的行政监督部门负责处理。

行政监督部门应当自收到投诉之日起3个工作日内决定是否受理投诉,并自受理投诉之日起30个工作日内作出书面处理决定;需要检验、检测、鉴定、专家评审,所需时间不计算在内。

投诉人捏造事实、伪造材料或者以非法手段取得证明材料进行投诉的,行政监督部门应当予以驳回。

第七十一条 评标委员会成员有下列行为之一的,由有关行政监督部门责令改正;情节严重的,禁止其在一定期限内参加依法必须进行招标的项目的评标;情节特别严重的,取消其担任评标委员会成员的资格:

(一)应当回避而不回避;

(二)擅离职守;

(三)不按照招标文件规定的评标标准和方法评标;

(四)私下接触投标人;

(五)向招标人征询确定中标人的意向或者接受任何单位或者个人明示或者暗示提出的倾向或者排斥特定投标人的要求;

(六)对依法应当否决的投标不提出否决意见;

(七)暗示或者诱导投标人作出澄清、说明或者接受投标人主动提出的澄清、说明;

(八)其他不客观、不公正履行职务的行为。

第八十二条 招标投标协会按照依法制定的章程开展活动,加强行业自律和服务。

(2)《公共资源交易平台管理暂行办法》(十四部委第39号令)

第十八条 公共资源交易平台运行服务机构及其工作人员不得从事以下活动:

(一)行使任何审批、备案、监管、处罚等行政监督管理职能;

(二)违法从事或强制指定招标、拍卖、政府采购代理、工程造价等中介服务;

(三)强制非公共资源交易项目进入平台交易;

(四)干涉市场主体选择依法建设和运行的公共资源电子交易系统;

(五)非法扣押企业和人员的相关证照资料;

(六)通过设置注册登记、设立分支机构、资质验证、投标(竞买)许可、强制担保等限制性条件阻碍或者排斥其他地区市场主体进入本地区公共资源交易市场;

(七)违法要求企业法定代表人到场办理相关手续;

(八)其他违反法律法规规定的情形。

(五)关键要点

了解政府采购工程招标管理的重要性,招标、投标和评标中需要注意的程序问题。

(六)课堂计划建议

(1)总结我国政府采购工程评审管理的规律。

(2)课堂讨论。

(七)案例答案建议

(1)投标人 A 对中标人的异议没有在规定的期限内提出,该行为不妥,且其涉嫌非法获得保密信息。

(2)投标人 B 组织本单位和挂靠单位人员围困招标人涉嫌违法;不应该向市人大、纪检投诉。

(3)评标委员会没有按照招标文件进行评审,导致对投标人 A 的业绩误判;评委中可能有人涉嫌向投标人 A 泄密的情形。

(4)招标人(招标代理机构)在评标后、公示中标人前,不应当受理投标人 A 通过非法手段获取信息提出的异议;针对本次泄密事件没有及时向监督部门报告,要求其处理。

(5)公共资源交易中心不应当批准该项目组织原评标委员会对中标候选人重新确认;也不应该再次通知原评标委员会组织评标。

(6)住建局对应当处理的项目不作为;市政府组织调查组无权做出重新评标的决定或其他行政决定。

案例来源:赵勇,陈川生.违反程序异议引发的重新评标案[J].中国政府采购,2018(3):58-61.

## 案例五  投标文件不全

### 一、案例正文

【摘要】本案例以某市农业采购项目评标为例,从政府采购管理角度,对政府采购工程评标中的常见问题进行分析。在供应商参与招标的过程中,其提供的投标文件往往是评审委员会重点检视的对象。本案例分析可以为政府采购工程评标工作提供参考。

【关键词】合同所必需的设备和专业技术能力  废标重招

(一)案例背景

**1. 概况**

一场农业采购评标案,未中标公司不服从招标结果。

**2. 评审过程**

A 供应商参加某次农药采购项目时,仅提供本公司的《经营许可证》,没有按照招标文件要求提供具备履行合同所必需的设备和专业技术能力承诺函,被评审专家判为不符合招标文件要求,所以 A 供应商所投标书不能参与评标。随后 A 供应商提出质疑,具体包括两个方面:①专家评标缺乏客观性,以致有失公正;②招标文件中"谈判小组判断响应文件的响应性仅基于响应文件本身而不靠外部证据,但响应有不真实不正确的内容时除外"这一句,在评标中并未得到切实贯彻执行。质疑请求:废除原成交结果,重新竞谈采购。

采购代理机构做了回复,认为评审小组对 A 供应商未能按招标文件资格中明确要求各投标单位需对具有履行合同所必需的设备和专业技术能力条款进行承诺并加盖投标单位公章为法定要求响应内容,不存在响应有不真实不正确的内容,A 供应商同时也未提供任何能够证明自身具备履行合同所必需的设备和专业技术能力的相关资料。根据回复内容,本项目维持原成交结果。随后 A 供应商对此回复不满,进行了投诉。投诉理由与第一次质疑相同,并主张废标重招。

最后,政府采购办公室做出了以下处理决定:①评审专家是严格按照采购文件规定的评审程序、评审方法和评审标准进行独立评审的,根据竞谈文件中供应商资格要求 C 条"具有履行合同所必需的设备和专业技术能力(提供承诺函加盖投标单位公章)"的规定,投诉人在投标文件中并未提供,所以评审小组一致认定投诉人对本条规定未做出实质性响应,并不存在有失公平公正。②关于竞谈文件中竞谈邀请"二、合格的供应商资格要求:C 条具有履行合同所必需的设备和专业技术能力(提供承诺函加盖投标单位公章)",这条规定是要求所有参加该项目投标的供应商都只需要提供承诺函并加盖公章就作为实质性响应了竞谈文件,并没有差别对待,而投诉人在投标文件中既未提供承诺函又未提供第三方证明材料,况且竞谈文件也没有明显违规之处。所以投诉人的投诉事项缺乏事实依据。根据《政府采购质疑与投诉办法》(财政部令第 94 号)第二十九条"投诉处理过程中,有下列情形之一的,财政部门应当驳回投诉:……(二)投诉事项缺乏事实依据,投诉事项不成立……"的规定,对投诉人的投诉请求予以驳回。投诉人如对上述处理决定不服,可在收到本决定书起 60 日内进行行政复议或六个月内提起行政诉讼。

(二)课堂讨论

投标方的投标文件未提供承诺函,能否以其他材料来说明其投标材料符合招标文件要求?若提供了"经营许可证",能说明具备履行合同所必需的设备和专业技术能力吗?

(1)A 供应商认为该项目采购代理商编的该项目竞谈文件中有许多与该项目无关的字眼,这是对招标文件的曲解。提供"具有履行合同所必需的设备和专业技术能力(提供承诺函加盖投标单位公章)"本身也是对供应商的履行合同的能力进行承诺,并为供应商中标后按合同履行过程中可能出现的情况进行约束,是符合《政府采购法实施条例》的要求的。

A 供应商在投标文件中没有按照招标文件要求提供合格供应商资格要求的

"具有履行合同所必需的设备和专业技术能力(提供承诺函加盖投标单位公章)",就是没有按照招标文件提出的要求和条件做出实质性响应。A 公司强调其"经营许可证"可证明该公司具有履行合同所必需的设备和专业技术能力要求,这是对政府采购法律法规的误解。根据《政府采购货物和服务招标投标管理办法》(财政部令第 87 号)第三十二条,正确的投标文件必须对招标文件的所有相关要求要做出实质性响应,没有实质性响应的投标文件均为无效文件。

(2)A 供应商认为,"具备履行合同所必需的设备和专业技术能力的证明材料"指的是第三方机构为投标单位出具的能力证明材料等认证认可证件材料,而非由投标单位自己造的承诺函件。这也是对《政府采购法》第二十二条的错误解读,供应商能否履行合同除了第三方机构为投标单位出具的能力证明材料,还有中标供应商在实际履行合同时的态度和方法等,在资格认定中,这个承诺函也有约束作用。"经营许可证"只是履行合同所必需的设备和专业技术能力之一,而非全部能力。在招标文件中要求供应商提供"经营许可证"的同时还要对具备履行合同所必需的设备和专业技术能力做出承诺,并没有违背相关法律法规要求。

## 二、案例使用说明

### (一)教学目的与用途

(1)本案例教学目的在于使学生了解政府采购工程管理的重要性,了解政府采购招标管理中有关投标文件与投标资质的关系、政府采购投标中的注意事项,以及政府采购评标中的细节要求。

(2)本案例主要适用于政府采购课程中辅助招标管理教学。

### (二)启发与思考

(1)投标方的投标文件未提供相应承诺函时,能否以招标文件的其他证明材料来说明该投标文件符合招标文件要求?

(2)有了"经营许可证"就可以代替招标文件要求的提供具备履行合同所必需的设备和专业技术能力承诺函(并加盖公章)吗?

### (三)分析思路

本案例的分析思路为,以政府采购招标过程中的投标文件争议为切入点,重点分析投标资质的法律要求和评标中的注意事项,使学生充分认识招标和投标管理的重要性和容易出现的问题。

### (四)法律依据

(1)《政府采购法》

第二十二条 供应商参加政府采购活动应当具备下列条件:

(一)具有独立承担民事责任的能力;
(二)具有良好的商业信誉和健全的财务会计制度;
(三)具有履行合同所必需的设备和专业技术能力;
(四)有依法缴纳税收和社会保障资金的良好记录;
(五)参加政府采购活动前三年内,在经营活动中没有重大违法记录;
(六)法律、行政法规规定的其他条件。

采购人可以根据采购项目的特殊要求,规定供应商的特定条件,但不得以不合理的条件对供应商实行差别待遇或者歧视待遇。

第二十三条 采购人可以要求参加政府采购的供应商提供有关资质证明文件和业绩情况,并根据本法规定的供应商条件和采购项目对供应商的特定要求,对供应商的资格进行审查。

(2)《政府采购法实施条例》

第十七条 参加政府采购活动的供应商应当具备政府采购法第二十二条第一款规定的条件,提供下列材料:

(一)法人或者其他组织的营业执照等证明文件,自然人的身份证明;
(二)财务状况报告,依法缴纳税收和社会保障资金的相关材料;
(三)具备履行合同所必需的设备和专业技术能力的证明材料;
(四)参加政府采购活动前3年内在经营活动中没有重大违法记录的书面声明;
(五)具备法律、行政法规规定的其他条件的证明材料。

采购项目有特殊要求的,供应商还应当提供其符合特殊要求的证明材料或者情况说明。

第三十二条 采购人或者采购代理机构应当按照国务院财政部门制定的招标文件标准文本编制招标文件。

招标文件应当包括采购项目的商务条件、采购需求、投标人的资格条件、投标报价要求、评标方法、评标标准以及拟签订的合同文本等。

第四十一条 评标委员会、竞争性谈判小组或者询价小组成员应当按照客观、公正、审慎的原则,根据采购文件规定的评审程序、评审方法和评审标准进行独立评审。采购文件内容违反国家有关强制性规定的,评标委员会、竞争性谈判小组或者询价小组应当停止评审并向采购人或者采购代理机构说明情况。

评标委员会、竞争性谈判小组或者询价小组成员应当在评审报告上签字,对自己的评审意见承担法律责任。对评审报告有异议的,应当在评审报告上签署不同意见,并说明理由,否则视为同意评审报告。

(3)《政府采购质疑与投诉办法》(财政部令第94号)

第二十九条 投诉处理过程中,有下列情形之一的,财政部门应当驳回投诉:

（一）受理后发现投诉不符合法定受理条件；

（二）投诉事项缺乏事实依据，投诉事项不成立；

（三）投诉人捏造事实或者提供虚假材料；

（四）投诉人以非法手段取得证明材料。证据来源的合法性存在明显疑问，投诉人无法证明其取得方式合法的，视为以非法手段取得证明材料。

(4)《政府采购货物和服务招标投标管理办法》（财政部令第87号）

第三十二条　投标人应当按照招标文件的要求编制投标文件。投标文件应当对招标文件提出的要求和条件作出明确响应。

（五）关键要点

了解政府采购工程招标管理的重要性与投标中需要注意的细节问题，重点关注投标文件与投标资质的问题及相关人员在工作中容易出现的问题。

（六）课堂计划建议

(1)总结我国政府采购工程招标管理的规律。

(2)课堂讨论。

（七）案例答案建议

投标文件应当对招标文件提出的要求和条件做出明确响应。评审专家的审查认真，客观公正，A公司的主张不合理。在招标文件中要求供应商提供承诺函没有违背相关法律法规要求。

案例来源：http://www.caigou2003.com/cz/aldp/4431582.html.

# 案例六　评审委员会集体失误

## 一、案例正文

【摘要】本案例以某工程建设项目评标为例，从政府采购管理角度，对政府采购工程评标中应注意的问题进行分析。在招标过程中，评审委员会的作用毋庸置疑，但如果评审委员会也出现了失误，该如何是好？本案例分析可以为政府采购工程评标工作提供参考。

【关键词】评审纠错　重新评标　重新采购

（一）案例背景

**1.概况**

某采购代理机构实施了一个项目的招标采购。

### 2. 评审过程

招标文件中规定投标产品必须具备某一功能,并将这一功能的用户使用证明作为客观分评分因素,要求供应商在投标文件中提供用户单位使用证明。其中A供应商因投标文件中投标资料排序有别于其他投标文件(招标文件中没有对投标资料的排序作要求),使得评审中所有评委都阴差阳错地没看到这份证明,并且所有专家都一致对A供应商的这一客观分评分项没有给分,造成客观分评审错误。采购结果公告后,采购代理机构发现了这一评审错误,但A供应商并未提出质疑。对于如何处理,在代理机构内部和采购人中间都产生了不同的意见。

### (二)课堂讨论

*如何解决评审委员会集体失误问题?是应该重新评审,还是废标重招?*

废标重招缺少法律依据。根据《政府采购法》第三十六条,招标采购中出现四种情形之一的,可以废标,即:①符合专业条件的供应商或对招标文件作实质响应的供应商不足三家的;②出现影响采购公正的违法、违规行为的;③投标人的报价均超过了采购预算,采购人不能支付的;④因重大变故,采购任务取消的。

重新评审不符合法定情形。《财政部关于进一步规范政府采购评审工作有关问题的通知》(财库〔2012〕69号)规定,"评审结果汇总完成后,采购人、采购代理机构和评审委员会均不得修改评审结果或者要求重新评审,但资格性检查认定错误、分值汇总计算错误、分项评分超出评分标准范围、客观分评分不一致……的情形除外"。专家客观分评审虽然都是错误的,但却是一致的,就此来看,也不能重新评审。

而且,本案例中发现评审错误时,已经在事后(采购结果已公告),而非评审现场(评审结果汇总完成至评审报告签署完成前的时间段),因此也不属于评审复核的范畴。

业界多数专家认为,应由财政部门依法审查后做出处理决定。鉴于项目公开招标后投标供应商的信息已经公开,在现行法律法规框架下,应该无外乎两种处理情形。

(1)另选供应商。根据《政府采购法实施条例》第七十一条,如果评审委员会的错误影响中标、成交结果的,已确定中标或者成交供应商但尚未签订政府采购合同的,中标或者成交结果无效,从合格的中标或者成交候选人中另行确定中标或者成交供应商。

(2)评审纠错。《招标投标法实施条例》第七十一条规定,"评标委员会成员有下列行为之一的,由有关行政监督部门责令改正:……(三)不按照招标文件规定的评标标准和方法评标";《政府采购货物和服务招标投标管理办法》(财政部令第87号)第五十二条规定,"评标委员会应当按照招标文件中规定的评标方法和标准,对符合性审查合格的投标文件进行商务和技术评估,综合比较与评价",第六十二条规定,"评标委员会及其成员不得有下列行为:……(二)接受投标人提出的与投标文件不一致的澄清或者说明,本办法第五十一条规定的情形除外"。依据上述三个条款,财政部门可认定评审专家未按规定的评标标准和方法评标,责令代理机构组织原评标委员会纠正打分,补充评审意见,然后形成新的评审报告。

## 二、案例使用说明

### (一)教学目的与用途

(1)本案例教学目的在于使学生了解政府采购工程管理的重要性,了解评审委员会在评标过程中发挥的作用,以及政府采购招标管理的规范要求和注意事项。

(2)本案例主要适用于政府采购课程中辅助招标管理教学。

### (二)启发与思考

(1)专家客观分评审"一致"错误,可以重新评审或重新采购吗?

(2)遇到此类问题,财政部门应当如何处理?

### (三)分析思路

本案例的分析思路为,以政府采购招标过程中相关环节的管理为切入点,重点分析在现有法律框架下,面对评审委员会的"一致错误",相关部门应该如何解决这一问题,使学生充分认识评审委员会的重要性。

### (四)法律依据

(1)《政府采购法》

第三十六条 在招标采购中,出现下列情形之一的,应予废标:

(一)符合专业条件的供应商或者对招标文件作实质响应的供应商不足三家的;

(二)出现影响采购公正的违法、违规行为的;

(三)投标人的报价均超过了采购预算,采购人不能支付的;

(四)因重大变故,采购任务取消的。

废标后,采购人应当将废标理由通知所有投标人。

(2)《政府采购法实施条例》

第七十一条 有政府采购法第七十一条、第七十二条规定的违法行为之一,影响或者可能影响中标、成交结果的,依照下列规定处理:

(一)未确定中标或者成交供应商的,终止本次政府采购活动,重新开展政府采购活动。

(二)已确定中标或者成交供应商但尚未签订政府采购合同的,中标或者成交结果无效,从合格的中标或者成交候选人中另行确定中标或者成交供应商;没有合格的中标或者成交候选人的,重新开展政府采购活动。

(三)政府采购合同已签订但尚未履行的,撤销合同,从合格的中标或者成交候选人中另行确定中标或者成交供应商;没有合格的中标或者成交候选人的,重新开展政府采购活动。

(四)政府采购合同已经履行,给采购人、供应商造成损失的,由责任人承担赔偿责任。

政府采购当事人有其他违反政府采购法或者本条例规定的行为,经改正后仍然影响或者可能影响中标、成交结果或者依法被认定为中标、成交无效的,依照前款规定处理。

(3)《政府采购货物和服务招标投标管理办法》(财政部令第87号)

第五十一条 对于投标文件中含义不明确、同类问题表述不一致或者有明显文字和计算错误的内容,评标委员会应当以书面形式要求投标人作出必要的澄清、说明或者补正。

投标人的澄清、说明或者补正应当采用书面形式,并加盖公章,或者由法定代表人或其授权的代表签字。投标人的澄清、说明或者补正不得超出投标文件的范围或者改变投标文件的实质性内容。

第五十二条 评标委员会应当按照招标文件中规定的评标方法和标准,对符合性审查合格的投标文件进行商务和技术评估,综合比较与评价。

第六十二条 评标委员会及其成员不得有下列行为:

(一)确定参与评标至评标结束前私自接触投标人;

(二)接受投标人提出的与投标文件不一致的澄清或者说明,本办法第五十一条规定的情形除外;

(三)违反评标纪律发表倾向性意见或者征询采购人的倾向性意见;

(四)对需要专业判断的主观评审因素协商评分;

(五)在评标过程中擅离职守,影响评标程序正常进行的;

(六)记录、复制或者带走任何评标资料;

(七)其他不遵守评标纪律的行为。

评标委员会成员有前款第一至五项行为之一的,其评审意见无效,并不得获取评审劳务报酬和报销异地评审差旅费。

(五)关键要点

了解政府采购工程招标管理的重要性,招标、投标和评标中需要注意的细节问题,以及相关人员在工作中容易出现的问题。

(六)课堂计划建议

(1)总结我国政府采购工程评标管理的规律。

(2)课堂讨论。

## （七）案例答案建议

废标重审和重新评标均不符合现有法律规定，应报上级财政部门裁决。上级财政部门可以进行评审纠错或另择供应商。

案例来源：http://www.caigou2003.com/zhengcaizixun/baozhiwenzhang/2908238.html.

# 案例七　评审标准设置不合法

## 一、案例正文

**【摘要】** 本案例以某市仓库建设项目评标为例，从政府采购管理角度，对政府采购工程评标中应注意的问题进行分析。在招标过程中，时常出现未中标供货商提出质疑的案例，这时，标准化的处理流程是什么？本案例分析可以为政府采购工程评标工作提供参考。

**【关键词】** 评审因素　量化指标　分值设置　评审标准

（一）案例背景

**1. 工程概况**

采购人B委托代理机构A就该单位某仓库资格招标项目进行公开招标。

**2. 招标投标过程**

2017年3月22日，代理机构A发布招标公告，后组织了开标、评标工作。经评审，评标委员会推荐D公司为第一中标候选人。2017年4月12日，代理机构A发布中标公告。2017年4月18日，C公司向代理机构A提出质疑。

2017年5月19日，C公司向财政部门提起投诉。C公司称：①本项目评分标准设置不合法，对供应商实行差别待遇或者歧视待遇。②评标过程未对供应商所应具备的条件进行公正公平审查，主要依据是：D公司仅为新成立的企业，但中标公告显示其在商务得分中高出了C公司近6分，在技术评分中高出了C公司近20分。

对此，代理机构A称：①本项目评分标准的设置是根据采购人B以往仓储的实际情况等所提出的要求，以实现仓储财物的安全性和便利性。②C公司和D公司在商务得分上的差分，主要是由于招标文件要求提供"投标人室外仓库情况"，而C公司未提供该情况；技术得分的差分，主要是由于招标文件"投标人室内仓库情况"要求"存放货物在1楼"，而C公司可提供的存货地点不位于1楼。

财政部门查明，C公司于2017年3月24日购买了本项目的招标文件。招标文件技术评审表"3. 投标人室内仓库情况"的评分细则要求："根据投标人室内仓库

(仓库配套有室内仓储场地不少于 7000 平方米、高台仓、有监控摄像、存放货物在 1 楼)横向比较:优得 35~45 分,中得 20~34 分,一般得 0~19 分(以仓库产权证明或租赁合同为准)。"单项分数/权重为 45 分。招标文件商务评审表"6.投标人室外仓库情况"的评分细则要求:"根据投标人室外仓库场地(仓库配套有室外仓储场地不少于 3000 平方米、有围墙进行物理隔离、有监控摄像、有保安巡逻)的情况横向比较:优得 35~40 分,中得 20~34 分,一般得 0~19 分(以仓库产权证明或租赁合同为准。"单项分数/权重为 40 分。本项目已签订政府采购合同,但尚未履行。

(二)课堂讨论

C 公司主张是否合理?该案例是否存在其他问题?

C 公司主张具有明显的主观臆断色彩:第一,D 公司成立时间晚,并不代表 D 公司得分不能比 C 公司高,C 公司质疑的理由缺乏说服力,由此主张评审过程不公正,逻辑不通。第二,C 公司主张"本项目评分标准设置不合法,对供应商实行差别待遇或者歧视待遇",但自身并没有提出支持自身主张的证据,质疑理由不充分。

根据《政府采购法》第五十二条和《政府采购法实施条例》第五十三条的规定,C 公司提出质疑的时间已超过法定质疑期限,投诉事项①属于无效投诉事项。

根据《政府采购质疑和投诉办法》(财政部令第 94 号)第十七条第(二)项的规定,投诉事项②缺乏事实依据,应驳回投诉。

根据《政府采购法》第三十六条第一款第(二)项、《政府采购质疑和投诉办法》(财政部令第 94 号)第三十一条第(三)项的规定,应撤销合同,责令采购人 B 废标,重新开展采购活动。

另外,本项目也存在评审标准的分值设置与评审因素的量化指标不对应的问题,违反了《政府采购法实施条例》第三十四条第四款的规定。

## 二、案例使用说明

(一)教学目的与用途

(1)本案例教学目的在于使学生了解政府采购工程管理的重要性,了解政府采购招标管理的标准化流程,以及政府采购评审标准分值设置中的细节要求。

(2)本案例主要适用于政府采购课程中辅助招标管理教学。

(二)启发与思考

(1)C 公司所提出的投诉内容是否具有事实依据?

(2)采购代理机构 A 的行为是否有不妥?

(三)分析思路

本案例的分析思路为,以政府采购招标过程中相关环节的管理为切入点,重点分析当事方提出的质疑是否合理合法,以及工程招标中编制招标文件时应注意的细节,使学生充分了解招标和投标管理的重要性和容易出现的问题。

**(四)法律依据**

(1)《政府采购法》

第三十六条 在招标采购中,出现下列情形之一的,应予废标:

(一)符合专业条件的供应商或者对招标文件作实质响应的供应商不足三家的;

(二)出现影响采购公正的违法、违规行为的;

(三)投标人的报价均超过了采购预算,采购人不能支付的;

(四)因重大变故,采购任务取消的。

废标后,采购人应当将废标理由通知所有投标人。

第七十一条 采购人、采购代理机构有下列情形之一的,责令限期改正,给予警告,可以并处罚款,对直接负责的主管人员和其他直接责任人员,由其行政主管部门或者有关机关给予处分,并予通报:

(一)应当采用公开招标方式而擅自采用其他方式采购的;

(二)擅自提高采购标准的;

(三)以不合理的条件对供应商实行差别待遇或者歧视待遇的;

(四)在招标采购过程中与投标人进行协商谈判的;

(五)中标、成交通知书发出后不与中标、成交供应商签订采购合同的;

(六)拒绝有关部门依法实施监督检查的。

(2)《政府采购法实施条例》

第三十四条 政府采购招标评标方法分为最低评标价法和综合评分法。

最低评标价法,是指投标文件满足招标文件全部实质性要求且投标报价最低的供应商为中标候选人的评标方法。综合评分法,是指投标文件满足招标文件全部实质性要求且按照评审因素的量化指标评审得分最高的供应商为中标候选人的评标方法。

技术、服务等标准统一的货物和服务项目,应当采用最低评标价法。

采用综合评分法的,评审标准中的分值设置应当与评审因素的量化指标相对应。招标文件中没有规定的评标标准不得作为评审的依据。

第六十八条 采购人、采购代理机构有下列情形之一的,依照政府采购法第七十一条、第七十八条的规定追究法律责任:

(一)未依照政府采购法和本条例规定的方式实施采购;

(二)未依法在指定的媒体上发布政府采购项目信息;

(三)未按照规定执行政府采购政策的;

(四)违反本条例第十五条的规定导致无法组织对供应商履约情况进行验收或

者国家财产遭受损失;

（五）未依法从政府采购评审专家库中抽取评审专家;

（六）非法干预采购评审活动;

（七）采用综合评分法时评审标准中的分值设置未与评审因素的量化指标相对应;

（八）对供应商的询问、质疑逾期未作处理;

（九）通过对样品进行检测、对供应商进行考察等方式改变评审结果;

（十）未按照规定组织对供应商履约情况进行验收。

(3)《政府采购质疑和投诉办法》（财政部令第94号）

第三十一条　投诉人对采购文件提起的投诉事项,财政部门经查证属实的,应当认定投诉事项成立。经认定成立的投诉事项不影响采购结果的,继续开展采购活动;影响或者可能影响采购结果的,财政部门按照下列情况处理:

（一）未确定中标或者成交供应商的,责令重新开展采购活动。

（二）已确定中标或者成交供应商但尚未签订政府采购合同的,认定中标或者成交结果无效,责令重新开展采购活动。

（三）政府采购合同已经签订但尚未履行的,撤销合同,责令重新开展采购活动。

（四）政府采购合同已经履行,给他人造成损失的,相关当事人可依法提起诉讼,由责任人承担赔偿责任。

（五）关键要点

了解政府采购工程招标、投标管理的重要性与招标文件编制中需要注意的细节问题。

（六）课堂计划建议

(1)总结我国政府采购工程评标管理的规律。

(2)课堂讨论。

（七）案例答案建议

(1)C公司提出质疑的时间已超过法定质疑期限,因此投诉事项①属于无效投诉事项。

(2)关于投诉事项②,由于C公司投标文件所显示的租赁仓库位于3、4、5、6楼,不符合本项目招标文件的要求。投诉事项②缺乏事实依据。

(3)此外,本项目招标文件存在分值设置未与评审因素的量化指标相对应的问题,违反了《政府采购法实施条例》第三十四条第四款的规定。

案例来源:http://www.ccgp.gov.cn/aljd/201711/t20171120_9188199.htm? siteId=1.

# 案例八  评标专家畸高畸低打分

## 一、案例正文

**【摘要】** 本案例以某物业管理项目评标为例,从采购管理角度,对采购工程评标中应注意的问题进行分析。评标专家作为评审委员会的成员,对标案的发放起着举足轻重的作用,若专家打分产生争议,该如何处理?本案例分析可以为政府采购工程评标工作提供参考。

**【关键词】** 重新评标  评审专家  畸高畸低

(一)案例背景

**1. 概况**

某集采机构受预算单位委托,对某办公大楼物业管理组织公开招标。投标截止后,共有A、B、C、D、E、F、G、H八家公司参与投标。

**2. 评审过程**

评标中,五位评委审核电子投标文件时,C、G、H三家投标人的投标文件因实质性响应检查不符合要求而不予通过。评委对通过实质性响应检查的五家投标人进行打分,最后E公司得分最高中标(85.2分),采购人中意的最低报价B公司排名第二(84.8分)。结果出来后,集采机构经办人员核对打分表时,发现评委张某对E公司的打分为98.5分,而对B公司的评分为66分,相差甚大;而其他四位评委对B公司和E公司打分则较为接近,基本都在90分左右,且B公司普遍高于E公司2~7分。这种情况下,除去评委张某的因素,正常情况应是B公司中标。但由于评委张某的打分畸高畸低,左右了结果。

因此经办人员建议评标委员会对评委张某的打分进行复核。评标委员会组长组织复核,建议评委张某修改评分,但张某称,"每个人的看法不一样,我就是觉得E公司好,主观分都打在评标细则规定的范围内",因此不予更改。评标委员会组长要求其写明理由,评委张某补充了自己评分理由,但比较牵强。

(二)课堂讨论

实践中,当出现因一位评审专家的打分左右评标结果时,该怎么办?

对于这个问题,业界基本有两种观点。

一是集采机构作为政府采购的组织者,无权也不应该对专家的评分进行干预或复核。打分畸高畸低也属于专家自由裁量权的体现,只要评分在细则规定的评分范围内,集采机构没有必要、也没有权力对此干预。集采机构只要保证程序合法、各个环节公平公正即可。至于评标专家如何评分,则属于评标委员会的分内职责。

二是集采机构扮演的是组织者和主持人的角色,对于可能对评审结果产生不良影响的违规行为应及时纠偏。集采机构对专家打分具有复核权,确认评标专家是在规定动作范围内行使权力,确认无漏项、不重复、计算无误等。项目经办人应提请评标委员会复核畸高畸低评分或者评标结论。在复核的过程中,专家之间也会互相形成压力,互相监督。发现问题后及时更正,不仅确保打分过程客观公正,还避免了供应商对评标结果进行投诉,这实际上也对专家能起到了保护作用。另外,《政府采购货物和服务招标投标管理办法》(财政部令第87号)第六十四条第四款规定,经评标委员会认定评分畸高畸低的,可以修改评标结果。

## 二、案例使用说明

### (一)教学目的与用途

(1)本案例教学目的在于使学生了解政府采购工程管理的重要性,了解政府采购中评审专家对招标结果的重要影响。

(2)本案例主要适用于政府采购课程中辅助招标管理教学。

### (二)启发与思考

(1)当出现一位专家畸高畸低打分左右评标结果时,采购中心和评标委员会应该怎么办?

(2)实践中该如何规范专家评审工作?

### (三)分析思路

本案例的分析思路为,以政府采购招标过程中相关环节的管理为切入点,重点分析评审专家对评标结果的影响力,以及如何进一步对专家权力进行规范,使学生充分认识招标和投标管理的重要性和容易出现的问题。

### (四)法律依据

(1)《政府采购法》

第三十八条 采用竞争性谈判方式采购的,应当遵循下列程序:

(一)成立谈判小组。谈判小组由采购人的代表和有关专家共三人以上的单数组成,其中专家的人数不得少于成员总数的三分之二。

(二)制定谈判文件。谈判文件应当明确谈判程序、谈判内容、合同草案的条款以及评定成交的标准等事项。

(三)确定邀请参加谈判的供应商名单。谈判小组从符合相应资格条件的供应商名单中确定不少于三家的供应商参加谈判,并向其提供谈判文件。

(四)谈判。谈判小组所有成员集中与单一供应商分别进行谈判。在谈判中,谈判的任何一方不得透露与谈判有关的其他供应商的技术资料、价格和其他信息。谈判文件有实质性变动的,谈判小组应当以书面形式通知所有参加谈判的供应商。

(五)确定成交供应商。谈判结束后,谈判小组应当要求所有参加谈判的供应商在规定时间内进行最后报价,采购人从谈判小组提出的成交候选人中根据符合采购需求、质量和服务相等且报价最低的原则确定成交供应商,并将结果通知所有参加谈判的未成交的供应商。

(2)《政府采购货物和服务招标投标管理办法》(财政部令第87号)

第六十四条　评标结果汇总完成后,除下列情形外,任何人不得修改评标结果:

(一)分值汇总计算错误的;
(二)分项评分超出评分标准范围的;
(三)评标委员会成员对客观评审因素评分不一致的;
(四)经评标委员会认定评分畸高、畸低的。

评标报告签署前,经复核发现存在以上情形之一的,评标委员会应当当场修改评标结果,并在评标报告中记载;评标报告签署后,采购人或者采购代理机构发现存在以上情形之一的,应当组织原评标委员会进行重新评审,重新评审改变评标结果的,书面报告本级财政部门。

投标人对本条第一款情形提出质疑的,采购人或者采购代理机构可以组织原评标委员会进行重新评审,重新评审改变评标结果的,应当书面报告本级财政部门。

(五)关键要点

了解政府采购工程招标管理的重要性,了解评审专家在工作中容易出现的细节问题。

(六)课堂计划建议

(1)总结我国政府采购工程评标管理的规律。
(2)课堂讨论。

(七)案例答案建议

该案例应该修改评标结果。政府采购评标委员会虽然应独立评标,并对评标结果负责。但也有必要规范专家的自由裁量权,并建立政府采购专家问责程序和责任担当制度,对评标专家应当进行严格的监督以防范风险。

案例来源:https://m.sohu.com/a/277345305_100048031.

# 第七章 政府采购监督管理案例

## 案例一 某医疗救治体系采购项目招标

### 一、案例正文

**【摘要】**本案例以某采购项目招标为例,从政府采购管理角度,对不同政府采购活动的法律适用问题进行分析。法律监督是政府采购监督管理机制的主体,对不同类型的政府采购项目适用的法律法规不同,相关规定也有所差异。其中,《政府采购法》和《政府采购货物和服务招标投标管理办法》有关招标文件编制、评标方法和评标标准制定、招标信息发布、评标专家抽取、中标信息发布等方面的规定均不同于《招标投标法》。本案例分析可以为加强政府采购项目在适用法律方面的合规性监督提供参考。

**【关键词】**货物采购  适用法律错误  采购活动违法

(一)案例背景

**1. 项目概况**

某单位(以下称"采购人")委托 G 招标公司,就该单位"某医疗救治体系采购项目"进行招标,采购有关仪器设备,采购预算 2000 万元。

**2. 招标投标过程**

本次招标采用公开招标的方式,于 2017 年 10 月 29 日在中国政府采购网发布招标公告,11 月 20 日开标、评标。经评标委员会评审,推荐 C 公司为中标候选人,G 招标公司经采购人确认,于 12 月 1 日在中国政府采购网发布中标公告。

投标人 A 公司在中标公告发布后,向采购人及 G 招标公司提出质疑,称:根据《政府采购货物和服务招标投标管理办法》(财政部令第 87 号)规定,"采购人或者采购代理机构应当自中标人确定之日起 2 个工作日内,在省级以上财政部门指定的媒体上公告中标结果,招标文件应当随中标结果同时公告。中标结果公告内容应当包括采购人及其委托的采购代理机构的名称、地址、联系方式,项目名称和项目编号,中标人名称、地址和中标金额,主要中标标的的名称、规格型号、数量、单价、服务要求,中标公告期限以及评审专家名单",而本项目中标公告中未包括评审专家名单。G招标公司在质疑回复中称,本项目是某医疗救治体系建设项目的一部分,遵照《招标投标法》的相关规定进行招标活动,无需按照《政府采购货物和服务招标投标管理办法》公告评审专家名单。A公司对此质疑答复不满,向财政部门提出了投诉。经财政部门调查发现,就本次"医疗救治体系采购项目"采购人向财政部申请了专项资金,并且已经取得了相应的批复文件。但是在采购人委托G招标公司进行公开招标采购时,并未向代理机构提供上级财政主管部门的批复文件,G招标公司也未向采购人确认资金性质。

（二）课堂讨论

**本项目采购活动应该遵循《政府采购法》还是应该遵循《招标投标法》？**

本项目从单位性质来看属于中央预算单位,从资金使用性质来看属于财政拨款,从采购预算2000万来看,超过了公开招标的采购限额标准,从采购内容来看属于货物类采购,很显然本项目是采购人使用财政性资金采购货物的行为,其采购方式和采购程序,均应依照《政府采购法》及《政府采购货物和服务招标投标管理办法》（财政部令第87号）等相关法律法规执行,而非G招标公司所认为的遵循《招标投标法》的相关规定进行。

本项目属于预算单位使用财政性资金采购货物的行为,且项目采购金额在国家规定的采购限额标准以上,故本项目应按照《政府采购法》规定的方式和程序进行招标。本项目采购活动违反了《政府采购法》第二条第一款和第六十四条第一款的规定,《政府采购供应商投诉处理办法》第十九条,财政部门决定本项目采购活动违法。

## 二、案例使用说明

（一）教学目的与用途

(1)本案例教学目的在于使学生了解政府采购监督管理中法律监督的重要性,区分不同政府采购项目对法律法规的适用情况。

(2)本案例主要适用于政府采购课程中辅助招标管理和监督管理教学。

（二）启发与思考

(1)招标单位在采购程序上适用错误法律法规的原因。

(2)《政府采购法》和《招标投标法》适用的具体政府采购项目类型。

（三）分析思路

本案例的分析思路为,以具体采购项目中监管部门对有关政府采购的法律、行政法规和规章执行情况的监督检查为切入点,重点分析《政府采购法》和《招标投标法》适用的政府采购项目类型以及相关规定的差异,使学生充分了解监督管理过程中要注意检查法律适用准确与否的问题。

(四) 法律依据

(1)《政府采购法》

第二条 在中华人民共和国境内进行的政府采购适用本法。本法所称政府采购,是指各级国家机关、事业单位和团体组织,使用财政性资金采购依法制定的集中采购目录以内的或者采购限额标准以上的货物、工程和服务的行为。

第四条 政府采购工程进行招标投标的,适用招标投标法。

第六十四条 采购人必须按照本法规定的采购方式和采购程序进行采购。

(2)《政府采购供应商投诉处理办法》

(该办法自2018年3月1日起被中华人民共和国财政部令第94号《政府采购质疑和投诉办法》废止,本案发生于2017年仍适用。)

第十九条 财政部门经审查,认定采购文件、采购过程影响或者可能影响中标、成交结果的,或者中标、成交结果的产生过程存在违法行为的,按下列情况分别处理:

(一)政府采购合同尚未签订的,分别根据不同情况决定全部或者部分采购行为违法,责令重新开展采购活动;

(二)政府采购合同已经签订但尚未履行的,决定撤销合同,责令重新开展采购活动;

(三)政府采购合同已经履行的,决定采购活动违法,给采购人、投诉人造成损失的,由相关责任人承担赔偿责任。

(3)《政府采购货物和服务招标投标管理办法》

第六十九条 采购人或者采购代理机构应当自中标人确定之日起2个工作日内,在省级以上财政部门指定的媒体上公告中标结果,招标文件应当随中标结果同时公告。中标结果公告内容应当包括采购人及其委托的采购代理机构的名称、地址、联系方式,项目名称和项目编号,中标人名称、地址和中标金额,主要中标标的的名称、规格型号、数量、单价、服务要求,中标公告期限以及评审专家名单。

(五) 关键要点

了解政府采购监督管理中法律监督的重要性,不同法律法规对政府采购方式和采购程序规定的差异。

(六) 课堂计划建议

(1)比较分析《政府采购法》和《招标投标法》对不同类型采购项目的适用情况和有关规定的差异。

(2)课堂讨论。

## （七）案例答案建议

本项目为采购人使用财政性资金采购货物的行为，适用《政府采购法》及《政府采购货物和服务招标投标管理办法》的相关规定。招标代理机构对本采购项目的情况认识不全面，导致其采购程序适用法律法规有误。

案例来源：政府采购网指导性案例——案例七：有法可依，就应该"有法必依"
http://www.ccgp.gov.cn/aljd/201611/t20161121_7606085.htm.

# 案例二 某市国土资源局工程项目竞争性谈判

## 一、案例正文

**【摘要】** 本案例以某工程项目的竞争性谈判过程为例，从政府采购管理角度，对政府采购监管部门的职责范围以及评审工作中评审专家行为的合规性进行分析。对政府采购各阶段的各种不当、违规或非法行为进行纠正是法律赋予政府采购监管部门的神圣职责，各政府采购当事人在依法行使权利的同时也需接受监督管理。本案例分析可以为规范各阶段政府采购监管部门的职责权限和加强相关当事人的职责权利意识提供参考。

**【关键词】** 竞争性谈判　监管职责　独立评审

（一）案例背景

**1. 工程概况**

2018年2月25日，某市国土资源局委托采购代理机构就该局重点工程项目测量、勘察、设计以竞争性谈判方式采购。

**2. 竞争性谈判过程**

本次采购采用竞争性谈判的方式，市政府采购监督管理部门应邀全程监督。采购代理机构在发布竞争性谈判采购公告时，事先以"最高限价"形式公布了项目的政府采购预算，并对谈判报价次数进行明确："报价次数原则上总共是两次，其中，供应商在截止时间提交的报价文件是第一次；商务技术谈判结束后的报价是第二次。如果符合谈判文件要求的供应商报价均超过采购人预算，采购人不能支付的，谈判小组可视情况在决定给予所有供应商均等机会的条件下，进行第三次的投标报价。"共有三家供应商参与了该项目的谈判。第二轮报价的结果显示，A公司报价为31.7万元；B公司、C公司报价一致，均为31.5万元，比A公司低2000元。面对这种情况，竞争性谈判小组组长认为，报价最低的B、C两家公司价格一致，无法确定由谁成交，同时，B、C两家公司与A公司仅差2000元，理论上价格还存在较大的下调空间,因此,决定召集三家公司进行第三轮报价,并据此确定成交供应商。政府采购监管人员见状,及时对该竞争性谈判小组组长的行为进行了制止,并表示,因竞争性谈判文件对进行第三轮报价的前提条件做了明确规定,因此只要供应商第二轮报价在政府采购预算之内,那么就失去了进行第三轮报价的前提。故而只能从报价最低的B、C两家公司中按照"同等价格比质量,同等质量比服务"的原则确定其中一家为成交供应商,否则有违政府采购公开、公平、公正原则。而且,通过第三轮报价的博弈,极有可能改变原先既定的成交结果,损害既得利益供应商的合法权益,有失公允。对此,竞争性谈判小组组长则认为,评审与谈判是谈判小组的事情,政府采购监管部门不应该也无权干涉评审专家独立行使评审表决权,如果出了问题,专家自然会承担责任,并因政府采购监管人员的坚持而一度离场。

(二)课程讨论

监管部门现场提示是否属于干预评审?

由《政府采购法》第十三条、第五十九条可知,政府采购监管人员参加有关政府采购项目的评审监管工作,并对评审过程中出现的各种不当、违规或非法行为进行批评、教育、制止、纠正,是《政府采购法》赋予政府采购监管部门的神圣职责。根据《政府采购法实施条例》第四十一条的规定,专家独立行使评审表决权没有错,但是这种权利必须在正确、合理、合法的前提下及采购文件规定的框架内行使。如果评审专家不认真履行评审职责,违规开展评审活动,或是采购代理机构不依照政府采购程序,违规开展代理活动,那么无论最终采购当事人是否依照有关规定进行质疑、投诉,相关采购监管部门均可及时介入,通过采取政府采购执法检查的方式,对违规采购项目的评审程序、行为进行查处、纠正,并依法追究相关单位、责任人(如评审专家等)责任,以切实维护政府采购权威及正常的政府采购秩序。

## 二、案例使用说明

(一)教学目的与用途

(1)本案例教学目的在于使学生了解政府采购监督管理过程中监管部门的职责,以及评审专家独立行使评审表决权的前提。

(2)本案例主要适用于政府采购课程中辅助评审管理和监督管理教学。

(二)启发与思考

(1)政府采购监督管理部门的职责范围。

(2)评审专家的权利和职责。

### (三)分析思路

本案例的分析思路为,以政府采购竞争性谈判过程中相关环节的管理为切入点,重点分析监督管理部门的职责范围,以及评审专家独立行使评审权应该注意的问题,使学生了解政府采购监管部门的监管权限及相关采购当事人的职责权利。

### (四)法律依据

(1)《政府采购法》

第十三条 各级人民政府财政部门是负责政府采购监督管理的部门,依法履行对政府采购活动的监督管理职责。各级人民政府其他有关部门依法履行与政府采购活动有关的监督管理职责。

第五十九条 政府采购监督管理部门应当加强对政府采购活动及集中采购机构的监督检查。监督检查的主要内容是:

(一)有关政府采购的法律、行政法规和规章的执行情况;

(二)采购范围、采购方式和采购程序的执行情况;

(三)政府采购人员的职业素质和专业技能。

(2)《政府采购法实施条例》

第四十一条 评标委员会、竞争性谈判小组或者询价小组成员应当按照客观、公正、审慎的原则,根据采购文件规定的评审程序、评审方法和评审标准进行独立评审。采购文件内容违反国家有关强制性规定的,评标委员会、竞争性谈判小组或者询价小组应当停止评审并向采购人或者采购代理机构说明情况。

### (五)关键要点

了解政府采购监督管理部门的职责范围和评审专家在评审工作中应注意的问题。

### (六)课堂计划建议

(1)总结现行法律法规中明确的监管部门的权力和职责。

(2)课堂讨论。

### (七)案例答案建议

依据《政府采购法》及其实施条例的相关规定,政府采购相关监管部门拥有依法对政府采购活动监督管理的职责;评审专家需要在正确、合理、合法的前提下行使独立评审的权力,监管部门有权对其违规评审行为进行制止。

案例来源:监管部门现场提示是否属于干预评标?[J].中国招标,2013(16):17-18.

# 案例三  某校图书采购项目招标

## 一、案例正文

【摘要】本案例以某采购项目公开招标为例,从政府采购管理角度,对政府采购项目招标过程中监管部门应注意的问题进行分析。财政部门是负责政府采购监督管理的部门,明确其职责范围,规范其监督管理手段,对打击违法违规行为、维护政府采购秩序具有重要意义。本案例分析可以为规范政府采购中监管部门的行为提供参考。

【关键词】虚假业绩合同  质疑撤回  监督管理  信息公开

### (一)案例背景

2018年,在某校一起图书采购公开招标项目中标公示期间,未中标单位B公司向实施此公开招标的代理机构发出书面质疑,认为中标候选人A公司在投标文件中提供了虚假业绩证明材料。为此,该代理机构要求A公司提供了投标文件中业绩合同的原件。两天后,B公司主动撤回质疑。但公示期满后,参与本次投标活动的C公司又以实名制方式向区政府采购监督管理部门进行举报。财政部门于是决定暂停政府采购活动,成立调查组,对此进行调查,并多次与A公司联系,要求其在约定的时间内提供投标书中要求的5个图书销售业绩的合同原件,以及开具的发票存根或其他证明材料,但A公司未能按时提供,于是向A公司发出正式调查取证通知书。接到通知书后,A公司做出书面回复,提供了5份合同原件,称4份发票存根已遗失,一份合同正在执行中暂未开具发票。后来A公司又提供了加盖合同方单位公章发票复印件作为凭证。财政部门前往区国税局查证该发票复印件情况,8份发票复印件中,有6份查询不到记录,有2份与报税金额存在明显不符。财政部门做出处罚决定:A公司提供的证据不足以证明合同的真实性,其行为违反了《政府采购法》第三条和第二十五条的规定,造成了不良影响。根据《政府采购法》第七十七条第一款的规定,将A公司列入不良行为记录名单,一年内禁止其参加政府采购活动;处以投标金额千分之五的罚款。

### (二)课堂讨论

没有质疑和投诉,财政部门能否继续对违法行为进行调查处理?处罚结果是否要上网公示?

A公司反复强调在此次招标活动中,并没有质疑和投诉,财政部门为何老是要揪着不放。财政部门的监管是否必须要有质疑和投诉才能启动?由《政府采购法》第五十二条对质疑和投诉主体的相关规定可知,质疑和投诉是法律赋予投标供应商的法定权利,如果启动质疑和投诉程序,其启动主体必须是参加本次投标活动的供应商。依据《政府采购法》第十三条和第七十条,政府采购应遵循公开透明、公平竞争、公正和诚实信用的原则,法律赋予采购当事人平等的地位,如果有单位和个人进行举报,财政部门作为政府采购的监督管理部门,当然有权依法对采购活动进行监督管理。对采购活动的监督、管理和处理质疑投诉是法律对政府采购过程的两种不同形式的监管。对于在监督管理中发现的违法违规行为,按照法律赋予的职责,财政部门可自行启动调查,依法依规进行处理,这是行使法律赋予的权力,也是严肃政府采购纪律和维护正常的政府采购秩序。

A公司在拿到该案行政处罚通知书后,提出可以多罚一点款,但不要上网公示。依据《政府采购法》第十一条和《政府采购信息公告管理办法》第八条的规定,"政府采购信息应及时向社会公开发布","采购代理机构、供应商不良行为记录名单"属于必须公告的政府采购信息。另外,《财政部关于做好政府采购信息公开工作的通知》(财库〔2015〕135号)要求:政府采购违法失信行为信息记录应当在中国政府采购网中央主网发布。加强政府采购的社会监督,必须提高政府采购的透明度,推进信息公开,且只有及时将各类情况公示出来,才能澄清和杜绝一些不良传言,更好地维护采购秩序。

## 二、案例使用说明

(一)教学目的与用途

(1)本案例教学目的在于使学生了解监管部门的职责范围、启动相关监管程序的注意事项,以及在监督管理中信息公开的重要性。

(2)本案例主要适用于政府采购课程中辅助监督管理教学。

(二)启发与思考

(1)监管部门对采购活动中违法违规行为的监督管理与处理质疑投诉程序不同。

(2)法律法规明确的应当公布的政府采购信息范围。

(三)分析思路

本案例的分析思路为,以政府采购招标过程中相关环节的管理为切入点,分析了监管部门在履行监督管理职责过程中的注意事项和政府采购信息公告管理的要求,使学生充分认识监督管理的重要性和容易出现的问题。

### (四)法律依据

(1)《政府采购法》

第十一条 政府采购的信息应当在政府采购监督管理部门指定的媒体上及时向社会公开发布,但涉及商业秘密的除外。

第十三条 各级人民政府财政部门是负责政府采购监督管理的部门,依法履行对政府采购活动的监督管理职责。各级人民政府其他有关部门依法履行与政府采购活动有关的监督管理职责。

第五十二条 供应商认为采购文件、采购过程和中标、成交结果使自己的权益受到损害的,可以在知道或者应知其权益受到损害之日起七个工作日内,以书面形式向采购人提出质疑。

第七十条 任何单位和个人对政府采购活动中的违法行为,有权控告和检举,有关部门、机关应当依照各自职责及时处理。

(2)《政府采购信息公告管理办法》(该办法自2020年3月1日起被中华人民共和国财政部令第101号《政府采购信息发布管理办法》废止,本案发生于2018年仍适用。)

第八条 除涉及国家秘密、供应商的商业秘密,以及法律、行政法规规定应予保密的政府采购信息以外,下列政府采购信息必须公告:

(一)有关政府采购的法律、法规、规章和其他规范性文件;

(二)省级以上人民政府公布的集中采购目录、政府采购限额标准和公开招标数额标准;

(三)政府采购招标业务代理机构名录;

(四)招标投标信息,包括公开招标公告、邀请招标资格预审公告、中标公告、成交结果及其更正事项等;

(五)财政部门受理政府采购投诉的联系方式及投诉处理决定;

(六)财政部门对集中采购机构的考核结果;

(七)采购代理机构、供应商不良行为记录名单;

(八)法律、法规和规章规定应当公告的其他政府采购信息。

(3)《财政部关于做好政府采购信息公开工作的通知》(财库〔2015〕135号)

第二条 (三)公开渠道。中央预算单位的政府采购信息应当在财政部指定的媒体上公开,地方预算单位的政府采购信息应当在省级(含计划单列市,下同)财政部门指定的媒体上公开。财政部指定的政府采购信息发布媒体包括中国政府采购网(www.ccgp.gov.cn)、《中国财经报》(《中国政府采购报》)、《中国政府采购杂志》、《中国财政杂志》等。省级财政部门应当将中国政府采购网地方分网作为本地区指定的政府采购信息发布媒体之一。

为了便于政府采购当事人获取信息,在其他政府采购信息发布媒体公开的政府采购信息应当同时在中国政府采购网发布。对于预算金额在500万元以上的地方采购项目信息,中国政府采购网各地方分网应当通过数据接口同时推送至中央主网发布(相关标准规范和说明详见中国政府采购网)。政府采购违法失信行为信息记录应当在中国政府采购网中央主网发布。

(五)关键要点

了解政府采购监管部门履行监督检查职责的注意事项和政府采购信息公开的重要意义。

(六)课堂计划建议

(1)总结我国政府采购项目各阶段财政部门的职责范围。

(2)课堂讨论。

(七)案例答案建议

财政部门是政府采购的监管部门,有权依法对采购活动的合法合规性进行监督管理。即使相关当事人没有提起质疑和投诉,监管部门也有义务对违法违规的采购活动进行调查处理。"供应商不良行为记录名单"属于必须公告的政府采购信息,加强社会监督管理需要依法对有关信息进行公告。

案例来源:黄华.莫被浮云遮望眼——做好政府采购工作需要"火眼金睛"[J].中国政府采购,2013(4):60-61.

## 案例四 某市司法系统下属戒毒矫治所维修改造工程招标

### 一、案例正文

**【摘要】** 本案例以某改造工程招标为例,从政府采购管理角度,对政府采购工程招标中监管部门的职责分工进行分析。政府采购工程类招标和一般货物、服务招标的法定监管部门不同,依法落实各部门的监管职责,对采购当事人维护自身合法权益,推进政府采购活动有序进行具有重要意义。本案例分析可以为规范政府采购工程招标监督管理提供参考。

**【关键词】** 工程招标 监管部门 职责分工

(一)案例背景

2016年,某市司法系统下属戒毒矫治所维修改造项目招标,预算金额为380万元,已获取相关批文。一份批文是招标人上级主管部门批准实施本项目的文件。该批文明确本项目招标范围包括:道路改扩建、戒毒人员A区食堂屋面改造;楼顶改造;单边走道加宽改造;楼梯围墙防护改造;凹陷部分拓展扩建;A区公共浴室、洗漱间、储藏间改造;门岗、车间维修改造。批文明确招标方式为招标人自行组织招标,同时还明确了招标过程由招标人的上级主管部门所属的生产计划处、监审处对招标过程全程监督。另一份批文是市财政部门下发的关于本项目资金来源的文件,主要内容是市财政部门下发的司法行政系统强制隔离戒毒所基本支出经费标准,并提出了一些具体执行要求。

该项目招标文件发布后,潜在投标人甲装饰装修工程公司对招标文件中的内容提出质疑,招标人答复后,甲公司对答复意见不满,遂向招投标监督管理部门提起投诉。当甲公司把投诉书送到市财政部门时,被告知该项目不属于财政部门监管,应向市发展改革部门投诉。当甲公司把投诉书送到市发展改革部门时,又被告知该项目也不是他们部门审批,且该项目的批文还明确了招标过程由招标人的上级主管部门监管,应当向招标人的上级部门投诉。甲公司把投诉书送达到招标人的上级部门时,又被告知该部门不是法定的工程建设项目招投标行政监督部门,不便于受理该投诉。就此,甲公司一筹莫展,不知该向哪个部门投诉。

(二)课堂讨论

本项目招标投标活动的法定监督管理部门是哪个?财政部门的监管职责包括什么?

### 1. 政府采购工程项目招标适用《招标投标法》

本案例发生在2016年,依法必须进行招标的工程建设项目的规模标准须执行《工程建设项目招标范围和规模标准规定》[①](原国家计委令第3号)的相关规定。根据原国家计委令第3号第七条的规定,使用国有资金投资工程建设项目,施工单项合同估算价达到200万元人民币以上的,属于依法必须进行招标的项目。本项目采购金额达到了公开招标的数额标准,应当依法采用公开招标的方式进行采购。结合《政府采购法》第四条及其实施条例第七条的相关规定,本政府采购工程项目招标投标活动,在招标流程及监管上应执行《招标投标法》第七条的相关规定。

### 2. 工程项目招投标监督依据国务院相关文件分工负责

根据《招标投标法》第七条第三款和《国务院办公厅印发国务院有关部门实施招标投标活动行政监督的职责分工意见的通知》(国办发〔2000〕34号)的规定,本项目属于房建类项目,应由建设行政主管部门负责招投标监督,甲公司应向住建部门提起投诉。

---

① 该法目前已被废止。

### 3. 财政部门应当对本工程的项目预算和采购政策执行情况进行监督

根据《政府采购法实施条例》第七条第三款和《招标投标法实施条例》第四条第三款的规定，财政部门应当对本项目的预算情况、采购政策执行情况进行监督。此外，《财政部、司法部关于制定司法行政系统强制隔离戒毒所基本支付经费标准的通知》明确规定："各级财政部门要按照有关规定加强基层司法行政机关经费预算管理，并加强预算的追踪反馈和监督检查工作。"从这一规定可以看出，财政部门不仅要对戒毒所项目的经费预算实施管理，还应当对预算的使用情况实施追踪反馈和监督检查。

## 二、案例使用说明

（一）教学目的与用途

（1）本案例教学目的在于使学生了解政府采购工程招标中有关部门的监管职责，区别财政部门在工程类招标和一般货物、服务招标监督管理中的职责。

（2）本案例主要适用于政府采购课程中辅助监督管理教学。

（二）启发与思考

政府采购工程招标的法定监管部门不是财政部门的原因。

（三）分析思路

本案例的分析思路为，以政府采购工程招标过程中相关环节的管理为切入点，重点分析工程招标项目的监督职能分工，使学生充分认识不同类型政府采购招标项目的监督管理中监管部门的职责有所区别。

（四）法律依据

（1）《政府采购法》

第四条　政府采购工程进行招标投标的，适用招标投标法。

（2）《政府采购法实施条例》

第七条　政府采购工程以及与工程建设有关的货物、服务，采用招标方式采购的，适用《中华人民共和国招标投标法》及其实施条例；采用其他方式采购的，适用政府采购法及本条例。

前款所称工程，是指建设工程，包括建筑物和构筑物的新建、改建、扩建及其相关的装修、拆除、修缮等；所称与工程建设有关的货物，是指构成工程不可分割的组成部分，且为实现工程基本功能所必需的设备、材料等；所称与工程建设有关的服务，是指为完成工程所需的勘察、设计、监理等服务。

政府采购工程以及与工程建设有关的货物、服务，应当执行政府采购政策。

(3)《招标投标法》

第七条 招标投标活动及其当事人应当接受依法实施的监督。

有关行政监督部门依法对招标投标活动实施监督,依法查处招标投标活动中的违法行为。

对招标投标活动的行政监督及有关部门的具体职权划分,由国务院规定。

(4)《招标投标法实施条例》

第四条 国务院发展改革部门指导和协调全国招标投标工作,对国家重大建设项目的工程招标投标活动实施监督检查。国务院工业和信息化、住房城乡建设、交通运输、铁道、水利、商务等部门,按照规定的职责分工对有关招标投标活动实施监督。

县级以上地方人民政府发展改革部门指导和协调本行政区域的招标投标工作。县级以上地方人民政府有关部门按照规定的职责分工,对招标投标活动实施监督,依法查处招标投标活动中的违法行为。县级以上地方人民政府对其所属部门有关招标投标活动的监督职责分工另有规定的,从其规定。

财政部门依法对实行招标投标的政府采购工程建设项目的政府采购政策执行情况实施监督。

监察机关依法对与招标投标活动有关的监察对象实施监察。

(5)《工程建设项目招标范围和规模标准规定》(该文件已被国务院关于《必须招标的工程项目规定》的批复(国函〔2018〕56号)相关规定废止,本案发生于2016年仍适用。)

第七条 本规定第二条至第六条规定范围内的各类工程建设项目,包括项目的勘察、设计、施工、监理以及与工程建设有关的重要设备、材料等的采购,达到下列标准之一的,必须进行招标:

(一)施工单项合同估算价在200万元人民币以上的;

(二)重要设备、材料等货物的采购,单项合同估算价在100万元人民币以上的;

(三)勘察、设计、监理等服务的采购,单项合同估算价在50万元人民币以上的;

(四)单项合同估算价低于第(一)、(二)、(三)项规定的标准,但项目总投资额在3000万元人民币以上的。

(6)《国务院办公厅印发国务院有关部门实施招标投标活动行政监督的职责分工意见的通知》(国办发〔2000〕34号)

第三条 对于招投标过程(包括招标、投标、开标、评标、中标)中泄露保密资料、泄露标底、串通招标、串通投标、歧视排斥投标等违法活动的监督执法,按现行的职责分工,分别由有关行政主管部门负责并受理投标人和其他利害关系人的投诉。按照这一原则,工业(含内贸)、水利、交通、铁道、民航、信息产业等行业和产业项目的招投标活动的监督执法,分别由经贸、水利、交通、铁道、民航、信息产业等行政主管部门负责；各类房屋建筑及其附属设施的建造和与其配套的线路、管道、设备的安装项目和市政工程项目的招投标活动的监督执法，由建设行政主管部门负责；进口机电设备采购项目的招投标活动的监督执法，由外经贸行政主管部门负责。有关行政主管部门须将监督过程中发现的问题，及时通知项目审批部门，项目审批部门根据情况依法暂停项目执行或者暂停资金拨付。

（五）关键要点

了解政府采购工程项目招标投标活动适用《招标投标法》体系的相关规定，对招投标过程中违法活动的监督执法，按现行的职责分工，分别由有关行政主管部门负责，相关行政主管部门应切实依法开展招投标监督活动，受理投标人和其他利害关系人的投诉。

（六）课堂计划建议

（1）总结政府采购工程招标项目和一般货物、服务采购招标项目有关法定监管部门的规定。

（2）课堂讨论。

（七）案例答案建议

本项目是政府采购工程项目招标，适用《招标投标法》的有关规定。依据国务院关于工程招标项目行政监督职能分工的相关规定，房建类项目应由建设行政主管部门负责招投标监督。财政部门虽不是该项目的法定监管部门，但应依法对工程的项目预算和采购政策执行情况进行监督。

案例来源：张志军.政府采购全流程百案精析[M].北京：中国法制出版社，2019：352-355.

## 案例五　某单位大楼弱电智能化采购项目招标

### 一、案例正文

【摘要】本案例以某采购项目招标为例，从政府采购管理角度，对政府采购招标中采购公告发布媒体的要求进行分析。政府采购项目信息的发布体现了公开透明原则，做好采购信息公开工作是加强改进社会监督、提升政府公信力的重要举措。随着法律法规的完善，对于信息发布方面的要求和规定也越发细致，信息发布指定媒体因项目采购预算的不同而有所区别，采购人、采购代理机构应结合有关规定正确处理，避免信息发布的缺失。本案例分析可以为规范政府采购信息公告管理提供参考。

【关键词】质疑投诉　信息公告　指定发布媒体　监督检查

## (一)案例背景

### 1. 项目概况

某单位(以下称"采购人")委托采购代理机构,就该单位"单位大楼弱电智能化采购项目"进行招标,采购预算人民币 900 万元。

### 2. 招标投标过程

本次招标采用公开招标的方式。采购代理机构考虑到项目规模较大,设备种类繁杂且技术复杂,专业性太强,聘请了多位技术专家、法律专家对采购文件进行论证,并几经修改定稿送交采购人确认后,于 2017 年 5 月 5 日发布了招标公告。从公告发布之日起至 5 月 26 日开标,其间未收到潜在供应商提出的任何质疑或其他询问意见。项目评标结束后,采购代理公司按程序将评标报告提交采购人定标,5 月 27 日发布了中标结果公告。

2017 年 6 月 2 日,采购人和采购代理公司收到一家未参与本项目采购活动的 A 公司提出的书面质疑,质疑函中反映该项目采购公告未在"中国政府采购网"上发布,致使 A 公司未能及时知晓项目情况,错过参与竞争的机会,要求重新招标。采购人经与采购代理公司商议,认为该项目采购公告已在当地政府采购网及省财政厅指定媒体"省政府采购网"发布,符合《政府采购法》第十一条及《政府采购信息公告管理办法》第六条、第八条的规定,做出不予支持该质疑事项和主张的答复。A 公司对答复内容不满,选择向当地财政部门投诉,由于 A 公司并非参与所投诉项目政府采购活动的供应商,财政部门依据《政府采购供应商投诉处理办法》第十条、第十一条,做出投诉不符合规定条件、不予受理的决定。

A 公司并未放弃,通过当地论坛发布网络信息、向纪检部门提交检举信等方式表达不满,纪检部门转交财政部门处理。财政部门决定受理并调阅了本项目档案资料,查阅了中国政府采购网、《中国政府采购报》等财政部指定媒体,发现 A 公司检举事项属实,认定该项目采购公告未在财政部指定媒体发布,影响了潜在供应商及时了解项目信息和进展,错过参与机会进而可能影响了中标结果,属于《政府采购法》第三十六条第一款第(二)项"出现影响采购公正的违法、违规行为"的情形,责令采购人废标重新开展采购活动,并对采购代理公司做出警告的行政处罚。

## (二)课堂讨论

本项目采购公告发布不合规的原因是什么?相关部门在本次案件中存在什么问题?

### 1. 省级以上财政部门指定媒体因采购预算的不同而有所区别

本案例中采购代理公司按常规将采购公告在当地政府采购网及省财政厅指

定媒体"省政府采购网"发布,实质上反映了采购代理公司对政府采购法律体系了解的缺失和片面。《政府采购法实施条例》施行前,政府采购项目信息在财政部或省级财政部门指定媒体发布即可,因为符合《政府采购法》第十一条及《政府采购信息公告管理办法》第六条、第八条的有关规定。而本案例是在2015年《政府采购法实施条例》施行后开展的项目,《政府采购法实施条例》第八条规定:"采购项目预算金额达到国务院财政部门规定标准的,政府采购项目信息应当在国务院财政部门指定的媒体上发布。"依据财政部于2015年7月发布的《关于做好政府采购信息公开工作的通知》(财库〔2015〕135号)规定,预算金额达到500万元以上的地方预算项目,应当在财政部指定的政府采购信息发布媒体发布采购信息。依据该文件规定,财政部指定的政府采购信息发布媒体包括中国政府采购网(www.ccgp.gov.cn)、《中国财经报》(《中国政府采购报》)、《中国政府采购杂志》、《中国财政杂志》等。

《政府采购法实施条例》是《政府采购信息公告管理办法》的上位法,法律效力高于部门规章,两部法律对同一内容规定有所不同的,应当按照上位法执行。本案例中采购预算达到人民币900万元,应当在财政部指定媒体发布信息。然而在实际操作中,本项目采购公告仅在当地及省政府采购网发布,受众大部分是当地或本省区域内的供应商,违背了政府采购法律法规的相关规定,应当予以纠正。

### 2.省级指定媒体应当及时将政府采购信息交互至中国政府采购网

需要特别指出的是,本案例采购人在省级财政部门指定媒体——"某某省政府采购网"——发布了政府采购信息,如该指定发布媒体依据财库〔2015〕135号文件的相关规定,及时将预算金额在500万元以上的政府采购信息推送至中央主网发布,本采购项目亦不至于出现未在财政部指定的政府采购信息发布媒体发布采购信息的情况。

### 3.行政监督部门对于发现的问题应当及时处理

本案例中财政部门对检举信做出了妥善处理,但在之前处理投诉时较为草率,机械式地驳回投诉而未做进一步调查核实,间接造成了后续的供应商检举,在某种程度上也影响了项目重新采购工作的及时开展。财政部门作为政府采购的法定行政监督管理部门,不能"民不告官不究"。在日常工作中,财政部门有义务对政府采购项目进行监督检查,发现问题应当及时介入调查。A公司投诉虽然不符合规定的条件,但采购公告未依法发布的客观事实是存在的,财政部门在处理投诉的同时可以查阅相关信息了解情况,及时依法另行处理。

## 二、案例使用说明

### (一)教学目的与用途

(1)本案例教学目的在于使学生了解政府采购信息公开的重要性、政府采购公告发布的规范要求及相关部门在此过程中的职责,以及监管部门在处理质疑投诉案件时的注意事项。

(2)本案例主要适用于政府采购课程中辅助监督管理教学。

### (二)启发与思考

(1)政府采购公告发布符合《政府采购法》及《政府采购信息公告管理办法》相关规定,却仍不合规的原因。

(2)省级指定媒体未尽到有关信息推送义务。

(3)财政部门对政府采购活动中违法违规行为的监督管理职责。

### (三)分析思路

本案例的分析思路为,以政府采购招标过程中相关环节的管理为切入点,重点分析政府采购公告发布时应注意的事项、指定公告媒体的要求和相关部门的职责,使学生充分认识政府采购信息公告管理的重要性和容易出现的问题。

### (四)法律依据

(1)《政府采购法》

第十一条 政府采购的信息应当在政府采购监督管理部门指定的媒体上及时向社会公开发布,但涉及商业秘密的除外。

(2)《政府采购法实施条例》

第八条 政府采购项目信息应当在省级以上人民政府财政部门指定的媒体上发布。采购项目预算金额达到国务院财政部门规定标准的,政府采购项目信息应当在国务院财政部门指定的媒体上发布。

(3)《政府采购信息公告管理办法》(该办法自2020年3月1日起被中华人民共和国财政部令第101号《政府采购信息发布管理办法》废止,本案发生于2017年仍适用。)

第六条 财政部负责确定政府采购信息公告的基本范围和内容,指定全国政府采购信息发布媒体。

省级(含计划单列市,下同)财政部门负责确定本地区政府采购信息公告的范围和内容,可以指定本地区政府采购信息发布媒体。

除财政部和省级财政部门以外,其他任何单位和个人不得指定政府采购信息的发布媒体。

第八条  除涉及国家秘密、供应商的商业秘密,以及法律、行政法规规定应予保密的政府采购信息以外,下列政府采购信息必须公告:

(一)有关政府采购的法律、法规、规章和其他规范性文件;

(二)省级以上人民政府公布的集中采购目录、政府采购限额标准和公开招标数额标准;

(三)政府采购招标业务代理机构名录;

(四)招标投标信息,包括公开招标公告、邀请招标资格预审公告、中标公告、成交结果及其更正事项等;

(五)财政部门受理政府采购投诉的联系方式及投诉处理决定;

(六)财政部门对集中采购机构的考核结果;

(七)采购代理机构、供应商不良行为记录名单;

(八)法律、法规和规章规定应当公告的其他政府采购信息。

(4)《关于做好政府采购信息公开工作的通知》(财库〔2015〕135号)

二、认真做好政府采购信息公开工作

(一)总体要求。

建立健全责任明确的工作机制、简便顺畅的操作流程和集中统一的发布渠道,确保政府采购信息发布的及时、完整、准确,实现政府采购信息的全流程公开透明。

(二)公开范围及主体。

1.采购项目信息,包括采购项目公告、采购文件、采购项目预算金额、采购结果等信息,由采购人或者其委托的采购代理机构负责公开;

2.监管处罚信息,包括财政部门作出的投诉、监督检查等处理决定,对集中采购机构的考核结果,以及违法失信行为记录等信息,由财政部门负责公开;

3.法律、法规和规章规定应当公开的其他政府采购信息,由相关主体依法公开。

(三)公开渠道。

中央预算单位的政府采购信息应当在财政部指定的媒体上公开,地方预算单位的政府采购信息应当在省级(含计划单列市,下同)财政部门指定的媒体上公开。财政部指定的政府采购信息发布媒体包括中国政府采购网(www.ccgp.gov.cn)、《中国财经报》(《中国政府采购报》)、《中国政府采购杂志》、《中国财政杂志》等。省级财政部门应当将中国政府采购网地方分网作为本地区指定的政府采购信息发布媒体之一。

为了便于政府采购当事人获取信息,在其他政府采购信息发布媒体公开的政府采购信息应当同时在中国政府采购网发布。对于预算金额在500万元以上的地方采购项目信息,中国政府采购网各地方分网应当通过数据接口同时推送至中央主网发布(相关标准规范和说明详见中国政府采购网)。政府采购违法失信行为信息记录应当在中国政府采购网中央主网发布。

(五)关键要点

了解政府采购信息公告管理的重要性、有关法律法规的适用情况和具体要求,以及相关人员在工作中容易出现的问题。

(六)课堂计划建议

(1)总结我国政府采购信息公告管理的规律。

(2)课堂讨论。

(七)案例答案建议

本项目采购代理机构对政府采购信息公告方面的法律法规了解不全面,导致采购公告发布媒体有误。另外,对于达到指定预算金额的地方采购项目,有关信息发布媒体应将采购信息推送至中国政府采购网。财政部门作为政府采购活动的法定监管部门,要积极主动履行监督检查的职责。

案例来源:张志军.政府采购全流程百案精析[M].北京:中国法制出版社,2019:26-28.

## 案例六 某市经济和信息化委员会扫描仪项目询价采购

### 一、案例正文

【摘要】本案例以某项目的询价采购过程为例,从政府采购管理角度,对政府采购监督管理中相关监管部门行为的规范性进行分析。各级人民政府财政部门是负责政府采购监督管理的部门,加强自身监督管理工作的规范性,打击违法失信行为,维护采购当事人的合法权益,有利于建立统一规范、竞争有序的政府采购市场机制和提高政府公信力。本案例分析可以为规范政府采购监督管理提供参考。

【关键词】处罚效力范围 重大违法记录 虚假材料谋取成交 信息公开

(一)案例背景

2016年11月23日,A市经济和信息化委员会(以下简称"采购人")委托某采购代理机构(以下简称"代理机构")就扫描仪项目组织询价采购,评审结束后采购人进行了确认,甲公司为成交供应商。乙公司对此不满并提出质疑,质疑材料中反映甲公司被B市财政部门处以禁止一年参加该市政府采购活动的行政处罚,至本项目采购活动开始时,甲公司仍在禁止期限内,要求采购人和代理机构认定其不具备合格供应商的资格条件。

采购人、代理机构讨论后做出答复：该处罚范围仅限于禁止甲公司参加B市的政府采购活动，并不适用于A市的政府采购活动。因此质疑事项不予支持，维持原有成交结果。乙公司对此答复不满意，向A市财政局提出投诉。

A市财政局前往B市调查核实，甲公司在参加该政府采购活动前半年，因虚假材料申办资质，被相关主管部门吊销了资质许可证件，在参加B市政府采购项目时该资质作为评分因素之一，甲公司为了得分，提供了伪造的资质许可证件，这也是甲公司被处罚的主要原因。A市财政局认为禁止甲公司参加政府采购活动的行政处罚有明确的适用范围，仅限于B市区域，因此乙公司的投诉缺乏事实依据，驳回其投诉。此外，鉴于甲公司不符合《政府采购法》第二十二条第一款的第（五）项"参加政府采购活动前三年内，在经营活动中没有重大违法记录"的实情，且甲公司在响应文件中提供的"近三年无重大违法记录的书面声明"内容与事实不符，属于提供虚假材料谋取成交行为。综上，A市财政局根据《政府采购法》第七十七条有关规定，认定甲公司成交无效。

（二）课堂讨论

相关财政部门处理中存在哪些问题？

（1）B市财政部门做出的禁止参加政府采购活动的处罚决定，应依法做出且在全国范围内生效。

本案例中B市财政部门因甲公司提供虚假材料谋取中标、成交，而做出禁止其一年内参加该市政府采购活动的行政处罚，适用《政府采购法》第七十七条的相关规定，法律依据恰当，但处罚决定内容有待商榷。财政部2015年发布的《关于规范政府采购行政处罚有关问题的通知》明确："各级人民政府财政部门依法对参加政府采购活动的供应商、采购代理机构、评审专家作出的禁止参加政府采购活动、禁止代理政府采购业务、禁止参加政府采购评审活动等行政处罚决定，要严格按照相关法律法规条款的规定进行处罚，相关行政处罚决定在全国范围内生效。"此举有利于法制的统一和贯彻执行，有助于建立统一规范、竞争有序的政府采购市场机制，推进政府采购诚信体系建设。

（2）A市财政局以乙公司的投诉缺乏事实依据，驳回其投诉，处理不恰当。

《政府采购法》第二十二条第一款规定了参加政府采购活动的供应商应当具备六个方面的基本条件，这是所有供应商参加政府采购活动的通用条件。依据该条款第五项规定，供应商参加政府采购活动前三年内，应当在经营活动中没有重大违法记录。《政府采购法》第二条第一款同时规定："在中华人民共和国境内进行的政府采购适用本法。"因此，只要在我国境内进行的政府采购活动，供应商均须符合包括"近三年没有重大违法记录"在内的法定资格条件。《政府采购法实施条例》第十九条进一步明确了"重大违法记录"的含义，即"供应商因违法经营受到刑事处罚或者责令停产停业、吊销许可证或者执照、较大数额罚款等行政处罚"。

本案例中,甲公司被 B 市财政部门处以禁止一年参加该市政府采购活动,该处罚对甲公司不构成《政府采购法实施条例》规定的"重大违法记录",但由于甲公司还涉及弄虚作假被相关主管部门吊销了资质许可证件,属于《政府采购法实施条例》规定的"重大违法记录",不具备参加政府采购活动的法定资格条件,乙公司的投诉有相应事实依据,该项目成交结果应予以撤销。另外,此次询价采购中甲公司还存在提供虚假材料谋取成交的行为,A 市财政局依据《政府采购法》第七十七条对甲公司的处罚恰当。

(3)财政等有关部门应及时将供应商的重大违法记录及其他失信记录推送上网。

信息公开是最好的监督。在政府采购领域,除《政府采购法》及其实施条例外,《财政部关于报送政府采购严重违法失信行为信息记录的通知》(财办库〔2014〕526 号)和《关于进一步做好政府采购信息公开工作有关事项的通知》(财库〔2017〕86 号)也要求各级财政部门应及时将投诉处理、行政处罚、重大违法记录等在指定媒体发布。2016 年财政部颁布的《关于在政府采购活动中查询及使用信用记录有关问题的通知》(财库〔2016〕125 号)则规定,采购人、采购代理机构须在采购文件中明确查询使用信用记录,以禁止不符合规定的失信供应商参加政府采购活动。上述几份文件互为补充,核心内容是要求有关部门及时将相应信息推送至网络媒体,便于有关人员自主查询,以打破信息孤岛,实现"一地受罚,处处受限"。

## 二、案例使用说明

(一)教学目的与用途

(1)本案例教学目的在于使学生了解政府采购监督管理的重要性、监管部门行政处罚等监管手段的规范要求,以及加强政府采购信息公开的重要意义。

(2)本案例可适用于政府采购课程中辅助供应商管理和监督管理教学。

(二)启发与思考

(1)B 市财政部门对甲公司的行政处罚不合规的原因。

(2)甲公司不符合具备法定资格条件供应商的原因。

(三)分析思路

本案例的分析思路为,以询价采购方式下的政府采购项目中相关环节的管理为切入点,重点分析财政部门对违法违规行为做出行政处罚的注意事项,使学生充分认识监管部门在履行监督管理职责时容易出现的问题。

## (四)法律依据

(1)《政府采购法》

第二条 在中华人民共和国境内进行的政府采购适用本法。

第二十二条 供应商参加政府采购活动应当具备下列条件:

(一)具有独立承担民事责任的能力;

(二)具有良好的商业信誉和健全的财务会计制度;

(三)具有履行合同所必需的设备和专业技术能力;

(四)有依法缴纳税收和社会保障资金的良好记录;

(五)参加政府采购活动前三年内,在经营活动中没有重大违法记录;

(六)法律、行政法规规定的其他条件。

采购人可以根据采购项目的特殊要求,规定供应商的特定条件,但不得以不合理的条件对供应商实行差别待遇或者歧视待遇。

第七十七条 供应商有下列情形之一的,处以采购金额千分之五以上千分之十以下的罚款,列入不良行为记录名单,在一至三年内禁止参加政府采购活动,有违法所得的,并处没收违法所得,情节严重的,由工商行政管理机关吊销营业执照;构成犯罪的,依法追究刑事责任:

(一)提供虚假材料谋取中标、成交的;

(二)采取不正当手段诋毁、排挤其他供应商的;

(三)与采购人、其他供应商或者采购代理机构恶意串通的;

(四)向采购人、采购代理机构行贿或者提供其他不正当利益的;

(五)在招标采购过程中与采购人进行协商谈判的;

(六)拒绝有关部门监督检查或者提供虚假情况的。

供应商有前款第(一)至(五)项情形之一的,中标、成交无效。

(2)《政府采购法实施条例》

第十九条 政府采购法第二十二条第一款第五项所称重大违法记录,是指供应商因违法经营受到刑事处罚或者责令停产停业、吊销许可证或者执照、较大数额罚款等行政处罚。

供应商在参加政府采购活动前3年内因违法经营被禁止在一定期限内参加政府采购活动,期限届满的,可以参加政府采购活动。

(3)《关于规范政府采购行政处罚有关问题的通知》(财库〔2015〕150号)

二、各级人民政府财政部门依法对参加政府采购活动的供应商、采购代理机构、评审专家作出的禁止参加政府采购活动、禁止代理政府采购业务、禁止参加政府采购评审活动等行政处罚决定,要严格按照相关法律法规条款的规定进行处罚,相关行政处罚决定在全国范围内生效。

(4)《财政部关于报送政府采购严重违法失信行为信息记录的通知》(财办库〔2014〕526号)

第三条 自2015年1月1日起,省级财政部门负责本省政府采购严重违法失信行为信息记录的发布管理工作,及时汇总相关信息,确保自行政处罚决定形成或变更之日起20个工作日内,在中国政府采购网"政府采购严重违法失信行为记录名单"的专栏中完成信息发布工作。信息公布期限一般为3年,处罚期限届满的,相关信息记录从专栏中予以删除。

(5)《关于进一步做好政府采购信息公开工作有关事项的通知》(财库〔2017〕86号)

第二条 (四)严格执行政府采购信息发布制度。各地区、各部门应当按照《政府采购法》、《政府采购法实施条例》和《财政部关于做好政府采购信息公开工作的通知》(财库〔2015〕135号)规定,认真做好政府采购信息公开工作。采购人或者其委托的采购代理机构应当切实做好采购项目公告、采购文件、采购项目预算金额、采购结果、采购合同等采购项目信息公开工作,实现政府采购项目的全过程信息公开。对于采购项目预算金额、更正事项、采购合同、公共服务项目采购需求和验收结果等信息公开薄弱环节,应当进一步完善相关工作机制,切实履行公开责任。各级财政部门应当严格按照财库〔2015〕135号文件规定的时间、内容等要求,及时完整公开投诉和监督检查处理决定、集中采购机构考核结果以及违法失信行为记录等监管处罚信息。

(6)《关于在政府采购活动中查询及使用信用记录有关问题的通知》(财库〔2016〕125号)

第二条 (三)信用记录的使用。

1.采购人或者采购代理机构应当在采购文件中明确信用信息查询的查询渠道及截止时点、信用信息查询记录和证据留存的具体方式、信用信息的使用规则等内容。采购人或者采购代理机构应当对供应商信用记录进行甄别,对列入失信被执行人、重大税收违法案件当事人名单、政府采购严重违法失信行为记录名单及其他不符合《中华人民共和国政府采购法》第二十二条规定条件的供应商,应当拒绝其参与政府采购活动。

(五)关键要点

了解政府采购监督管理的重要性、监管部门在做出行政处罚时应注意的问题,以及对违法失信行为进行披露的重要作用。

(六)课堂计划建议

(1)总结我国政府采购监督管理中规范监管部门相应监管手段的要求。

(2)课堂讨论。

(七)案例答案建议

(1)B市财政部门对规范行政处罚方面的法律法规了解不够,做出的处罚决定违反了有关规定。

(2)A市财政局对乙公司投诉的处理不恰当,使得投诉人合法权益受损。

(3)相应监管部门在作出行政处罚时应按规定将处罚信息公开,提高政府采购活动透明度,促进社会监督和政府采购领域社会诚信体系建设。

案例来源:张志军.政府采购全流程百案精析[M].北京:中国法制出版社,2019:307-309.

## 案例七　某建设项目招标

### 一、案例正文

【摘要】本案例以某建设项目招标为例,从政府采购管理角度,分析了在发生招标文件与修改后的政策规定不一致的情况下,监管部门如何对招标文件编制进行监管。各地方、各系统对招标文件监管理解的不同,造成实践中监管部门对同一类事件存在不同的处理方式,不利于招标投标及政府采购领域的改革。本案例分析可以为统一监管部门对招标文件监管的认识提供参考。

【关键词】招标文件监管　监管权限　备案制度

(一)案例背景

党的十八大以来,国家在简政放权、减少行政许可行政审批事项、减轻企业负担等方面进行了大量改革。其中,2017年,国务院要求清理规范涉企收费、切实减轻建筑业企业负担,规范建设工程质量保证金管理。据此住房城乡建设部、财政部对《建设工程质量保证金管理办法》(建质〔2016〕295号)进行了修订,将建设工程质量保证金的比例从5%降为3%。2018年某一个必须招标的建设项目招标,招标文件规定建设工程质量保证金总预留比例为工程价款结算总额的5%,没有投标人对此提出异议和投诉。中标通知书发出后,到了要订立合同时,中标人拿着2017年住房城乡建设部、财政部修改后的《建设工程质量保证金管理办法》(以下简称《管理办法》),要求质量保证金总预留比例降为工程价款结算总额的3%。因为该《管理办法》第七条规定:"发包人应按照合同约定方式预留保证金,保证金总预留比例不得高于工程价款结算总额的3%。合同约定由承包人以银行保函替代预留保证金的,保函金额不得高于工程价款结算总额的3%。"

### (二)课堂讨论

招标人应当如何处理中标人的这一要求？如何理解监管部门对招标文件编制的监管？

招标人应当如何处理中标人的这一要求存在很大的争议：第一种看法，认为应当按照质量保证金5％订立合同；第二种看法，认为应当按照质量保证金3％订立合同；第三种看法，认为应当重新招标。各地方、各系统对招标文件监管的不同认识，造成了实践中对本案的不同处理方式。但我国是一个法治统一的国家，同样的案例在不同的地方、不同的系统，应该是同样的处理结论。从本质上看，应该统一对招标文件监管的认识。

2019年5月19日，国务院办公厅《转发国家发展改革委关于深化公共资源交易平台整合共享指导意见的通知》（国办函〔2019〕41号），明确要求"取消没有法律法规依据的投标报名、招标文件审查"。《招标投标法》《招标投标法实施条例》并无对招标文件进行审查的规定，由于只有法律、行政法规才能设定行政许可事项，在没有法律、行政法规依据的情况下，任何行政机关（监管部门）均不能要求民事行为需要行政机关的同意。因此，对招标文件的审查或者变相的审查，应当取消。如果所有的地方或者系统，都取消了对招标文件的审查或者变相的审查，则招标文件规定建设工程质量保证金5％的规定，监管部门无权阻止招标程序的继续，仍然按照建设工程质量保证金5％订立合同，由于监管部门不会对招标各方继续处罚，也不会出现投标无效、中标无效的结果，对招标人而言，是最好的处理方式。

监管部门无疑需要对招标文件编制进行监管，例如《招标投标法》第五十一条规定："招标人以不合理的条件限制或者排斥潜在投标人的，对潜在投标人实行歧视待遇的，强制要求投标人组成联合体共同投标的，或者限制投标人之间竞争的，责令改正，可以处一万元以上五万元以下的罚款。"由于这样的禁止性规定大多出现在招标文件中，自然会产生对招标文件的监管。但问题的关键是如何监管，有以下三点必须明确：第一，并非所有的监管都意味着监管部门可以阻止民事行为的进行。只有行政许可事项才能成为阻止民事行为的理由。第二，法律、行政法规规定的监管，有很多属于事后监管。例如行政处罚，一定要违法行为发生后才可以进行，严格地讲，也属于事后监管，备案制度一般也认为是事后监管，备案不应当对招标文件进行实质性审查。第三，监管要严格依照法律规定的程序进行，因为不能对招标文件的内容进行审查，监管部门理论上不能主动发现招标文件违法之处，因此需要有投标人或者其他利害关系人投诉后，监管部门才能进行处理。如果中标通知书已经发出了，此时再发现招标文件存在严重违法，例如属于中标无效的情形的，监管部门只能确认中标结果无效，而不能直接要求招标人修改招标文件。

## 二、案例使用说明

### (一)教学目的与用途

(1)本案例教学目的在于使学生了解政府采购监督管理中监管部门的监管权限,尤其是对招标文件编制的监管。

(2)本案例主要适用于政府采购课程中辅助招标管理和监督管理教学。

### (二)启发与思考

(1)招标文件"备案"与"审查"的不同。

(2)各地方、各系统监管部门对招标文件监管在理解上存在偏差的原因。

### (三)分析思路

本案例的分析思路为,以具体招标项目中招标文件与修改后的政策不一致的情况为切入点,重点分析了监管部门对招标文件编制监管的认识和在招标文件编制方面监管权限,使学生充分了解监督管理过程中统一监管部门对其职权的理解、规范监管部门监管行为的重要性。

### (四)法律依据

(1)《招标投标法》

第五十一条 招标人以不合理的条件限制或者排斥潜在投标人的,对潜在投标人实行歧视待遇的,强制要求投标人组成联合体共同投标的,或者限制投标人之间竞争的,责令改正,可以处一万元以上五万元以下的罚款。

(2)《转发国家发展改革委关于深化公共资源交易平台整合共享指导意见的通知》(国办函〔2019〕41号)

第三条 三、优化公共资源交易服务

(七)健全平台电子系统。加强公共资源交易平台电子系统建设,明确交易、服务、监管等各子系统的功能定位,实现互联互通和信息资源共享,并同步规划、建设、使用信息基础设施,完善相关安全技术措施,确保系统和数据安全。交易系统为市场主体提供在线交易服务,服务系统为交易信息汇集、共享和发布提供在线服务,监管系统为行政监督部门、纪委监委、审计部门提供在线监督通道。抓紧解决公共资源交易平台电子档案、技术规范、信息安全等问题,统筹公共资源交易评标、评审专家资源,通过远程异地评标、评审等方式加快推动优质专家资源跨地区、跨行业共享。进一步发挥全国公共资源交易平台作用,为各级各类公共资源电子化交易提供公共入口、公共通道和综合技术支撑。全国公共资源交易数据应当由全国公共资源交易平台按照有关规定统一发布。中央管理企业电子招标采购交易系统应当通过国家电子招标投标公共服务系统有序纳入公共资源交易平台,依法接受监督管理。促进数字证书(CA)跨平台、跨部门、跨区域互认,逐步实现全国互认,推动电子营业执照、电子担保保函在公共资源交易领域的应用,降低企业交易成本,提高交易效率。

(八)强化公共服务定位。公共资源交易中心作为公共资源交易平台主要运行服务机构,应不断优化见证、场所、信息、档案、专家抽取等服务,积极开展交易大数据分析,为宏观经济决策、优化营商环境、规范交易市场提供参考和支撑,不得将重要敏感数据擅自公开及用于商业用途。除法律法规明确规定外,公共资源交易中心不得代行行政监管职能,不得限制交易主体自主权,不得排斥和限制市场主体建设运营的电子交易系统。

(九)精简管理事项和环节。系统梳理公共资源交易流程,取消没有法律法规依据的投标报名、招标文件审查、原件核对等事项以及能够采用告知承诺制和事中事后监管解决的前置审批或审核环节。推广多业务合并申请,通过"一表申请"将市场主体基本信息材料一次收集、后续重复使用并及时更新。推行交易服务"一网通办",不断提高公共资源交易服务事项网上办理比例。

(五)关键要点

了解政府采购监督管理中监管部门在招标文件编制监管方面的职责权限。

(六)课堂计划建议

(1)总结监督管理活动中对招标文件编制监管的要求。
(2)课堂讨论。

(七)案例答案建议

监管部门无权对招标文件的内容进行审查,不能因为招标文件中建设工程质量保证金5%的规定与修改后的政策不一致,而要求招标人修改招标文件或阻止招标程序的继续,仍应按照建设工程质量保证金5%订立合同。监管部门需要对招标文件编制进行监管,但要注意监管权限和监管手段,要严格按照法律规定的程序进行。

案例来源:何红锋.从一个案例分析对招标文件编制的监管[J].中国政府采购,2019(12):48-50.

# 第八章 政府采购投诉管理案例

## 案例一 北京市某单位空调及电力改造项目投诉

### 一、案例正文

**【摘要】**本案例以某单位空调及电力改造项目投诉为例,从政府采购投诉管理角度,对政府采购投诉中"自首"式现象进行分析。政府采购中投诉人意图需求不同,投诉目的不一,所以投诉过程中的行为规范是对政府采购投诉人的基本要求,也是投诉人应该严格遵守的。本案例分析可以为规范政府采购投诉行为提供参考。

**【关键词】**"自首"式投诉 符合性审查 投诉事项超出质疑范围

(一)案例背景

**1. 投诉背景**

某单位空调及电力改造项目经初审后,有三家通过符合性审查,其中包括 A 技术有限公司。投诉人 A 技术有限公司就本项目作出质疑,后因对质疑答复不满,向财政部提起投诉。投诉事项为:投诉人主张自己的投标文件不符合招标文件实质性要求,不应通过符合性审查,因此本项目通过符合性审查的供应商不足三家。

**2. 投诉过程**

经审查,本案例中投诉人 A 技术有限公司主张自己的投标文件不符合招标文件要求,该事项并不涉及对投诉人自己权利的损害,因此根据《政府采购法》第五十二条、第五十五条的规定,投诉人不具备针对该事项提起质疑和投诉的资格。

根据《政府采购法》第五十二条、第五十五条和《政府采购质疑和投诉办法》(财政部令第 94 号)第二十九条第(一)项的规定,驳回投诉。

(二)课堂讨论

北京市某单位空调及电力改造项目投诉是否应当受理?

北京市某单位空调及电力改造项目投诉应当驳回。

这是"自首"式投诉,目的是重新组织招标。按照《政府采购法》第三十六条的规定,投诉人 A 技术有限公司以"自己的投标文件不符合招标文件实质性要求"投诉,而该项目只有三家投标人,如果自己的投标无效,那么实质性响应招标要求的供应商就只有两家。整个项目就要废标后再重新采购,该项目的中标结果就不存在了。

其中,投诉事项超出质疑范围。《政府采购法》第五十五条明确规定了质疑供应商在质疑阶段无法解决问题时,采取进一步投诉的条件和时限,供应商投诉的事项仅限于可以提出质疑的事项范围内,即采购文件、采购过程和中标、成交结果。

投诉人自身权益未受损,财政局不予受理。《政府采购法》第五十二条规定明确了供应商提出质疑的范围、条件、时限和形式。供应商认为采购文件、采购过程和中标、成交结果使自己的权益受到损害的,必须先向采购人提出书面质疑。然而投诉内容中并没有表示自己的权益受到损害,也没有提出该项目的中标结果使自己的权益受到损害的事实与理由。

因此,投诉人所投诉的内容不符合投诉受理条件,财政局驳回投诉。

## 二、案例使用说明

### (一)教学目的与用途

(1)本案例教学目的在于使学生了解政府采购中"自首"式投诉案例,熟悉此投诉案例投诉人的意图,分析并总结投诉管理过程中应防范的现象和相关注意事项。

(2)本案例主要适用于政府采购课程中辅助投诉管理教学。

### (二)启发与思考

(1)投诉单位在投标招标过程中的不合理手段。

(2)投诉人存在的法律方面的问题。

(3)投诉人不符合投诉受理条件的原因。

### (三)分析思路

本案例的分析思路为,以政府采购投诉过程中相关环节的管理为切入点,重点分析投诉案例中出现的"自首"式现象,提出相应的处理方式,总结注意事项,使学生充分认识投诉的关键性、合法性和容易出现的问题。

### (四)法律依据

(1)《政府采购法》

第三十六条  在招标采购中,出现下列情形之一的,应予废标:

(一)符合专业条件的供应商或者对招标文件作实质响应的供应商不足三家的;

(二)出现影响采购公正的违法、违规行为的;

(三)投标人的报价均超过了采购预算,采购人不能支付的;

(四)因重大变故,采购任务取消的。

废标后,采购人应当将废标理由通知所有投标人。

第五十二条　供应商认为采购文件、采购过程和中标、成交结果使自己的权益受到损害的,可以在知道或者应知其权益受到损害之日起七个工作日内,以书面形式向采购人提出质疑。

第五十五条　质疑供应商对采购人、采购代理机构的答复不满意或者采购人、采购代理机构未在规定的时间内作出答复的,可以在答复期满后十五个工作日内向同级政府采购监督管理部门投诉。

(2)《政府采购质疑和投诉办法》(财政部令第94号)

第二十九条　投诉处理过程中,有下列情形之一的,财政部门应当驳回投诉:

(一)受理后发现投诉不符合法定受理条件;

(二)投诉事项缺乏事实依据,投诉事项不成立;

(三)投诉人捏造事实或者提供虚假材料;

(四)投诉人以非法手段取得证明材料。证据来源的合法性存在明显疑问,投诉人无法证明其取得方式合法的,视为以非法手段取得证明材料。

(五)关键要点

了解政府采购投诉的关键性、合法性和容易出现的问题,阐述"自首"式投诉现象,为相关人员在处理投诉工作时注重日前防范和事中谨慎处理。

(六)课堂计划建议

(1)了解政府采购"自首"式现象的投诉案例。

(2)课堂讨论。

(七)案例答案建议

(1)投诉单位对投诉方面的法律法规了解不够,没有熟知相关投诉规定,才会意图采取"自首"式投诉来达成重新招标的目的。

(2)投诉单位法律意识不强,在投诉过程中采取"自首"式投诉,存在侥幸心理。

(3)投诉单位的投诉事项超出质疑范围,投诉人自身权益未受损,财政局不予受理。

案例来源:昝妍."自首"式的投诉符合政府采购要求吗?[N].中国政府采购报,2018-12-21(4).

## 案例二　某信息服务云平台采购项目投诉

### 一、案例正文

【摘要】本案例以信息服务云平台采购项目投诉为例,从政府采购投诉管理角度,对政府采购项目投诉过程中应注意的问题进行分析。法律证据讲究合法性,政府采购项目的投诉过程中提交的证据来源同样必须合法。本案例分析可以为维持政府采购项目投诉材料合法性提供参考。

【关键词】偷拍　非法手段　依法投诉

（一）案例背景

### 1.投诉背景

采购人A委托代理机构Z就该单位"某信息服务云平台"（以下称本项目）进行公开招标。2016年3月10日，代理机构Z发布招标公告，后组织了开标、评标工作。经过评审，评标委员会推荐G公司为中标供应商。2016年4月1日，代理机构发布中标公告。2016年4月1日，T公司向代理机构Z提出质疑。2016年4月8日，代理机构Z答复质疑。

### 2.投诉过程

2016年5月4日，T公司向财政部提起投诉，投诉事项为：（1）代理机构Z确定G公司为中标供应商，没有体现招标文件关于"投标软件应优先选择具有自主知识产权的软件"的规定。（2）评审专家严重低估了T公司在本项目相关行业中的巨大优势。（3）T公司报价低、技术高；G公司报价高且是在开标前两天才在经营范围中加入"软件开发"这一经营项目，没有承接本项目的能力。

投诉处理过程中，因T公司涉嫌以非法手段取得证明材料进行投诉，财政部启动了进一步调查取证程序，请T公司就证据材料来源问题进行说明。T公司的答复材料显示："2016年4月13日下午2点，我方人员按约前往代理机构Z提交第二次质疑函，到达代理机构Z后联系X老师，但他因临时有急事外出且下午无法赶回办公室，遂在电话沟通中应X老师意见，将第二次质疑函放置在他办公桌上，在这过程中，我方人员无意看到桌上中标单位的标书，出于好奇，所以看到了合同内容。"

（二）课堂讨论

某信息服务云平台采购项目投诉中存在哪些问题？

该项目投诉过程中主要存在以下问题：

该投诉的依据是非法获取的，应予驳回。投诉是政府采购法确立的保护供应商合法权益的重要途径之一，但投诉应依法进行。投诉人用通过偷拍、偷录、窃听等违反法律禁止性规定或者侵犯他人合法权益的方法取得的材料进行投诉，严重破坏政府采购秩序，依照《政府采购法实施条例》第五十七条、第七十三条的规定予以处理。

根据政府采购法律法规的相关规定，投诉人不需承担完备举证的责任。财政部门在投诉处理期间，可以以行政职权要求采购人、采购代理机构提供投诉人无法掌握的证明材料，事实上形成了举证责任倒置，即对于投诉人依法不应当获取的保密信息,可以通过财政部调查还原。而本案中,T 公司获得 G 公司投标文件的方式是在代理机构 Z 的工作人员不在办公室时,对其办公桌上的投标文件进行偷拍取得的,T 公司投诉使用的证明材料为偷拍的 G 公司的投标文件。除开标和中标时公开的内容外,G 公司投标文件中的其他内容并未对外公开。由于 T 公司是在代理机构 Z 的办公室这一私密空间获取的相关材料,且未获得 G 公司的许可,其行为构成《政府采购法实施条例》第五十七条规定的"以非法手段取得证明材料进行投诉"的情形。

对于 T 公司"以非法手段取得证明材料进行投诉"的行为,根据《政府采购法实施条例》第七十三条的规定,对 T 公司作出列入不良行为记录名单,一年内禁止参加政府采购活动的行政处罚。

## 二、案例使用说明

（一）教学目的与用途

(1)本案例教学目的在于使学生了解政府采购项目投诉的合法性,政府采购投诉证明材料的规范要求,政府采购质疑投诉的重要条件,以及政府采购投诉的细节要求。

(2)本案例主要适用于政府采购课程中辅助投诉管理教学。

（二）启发与思考

(1)投诉单位在获取证据时违反了有关规定的原因。

(2)投诉单位存在的法律方面的问题。

（三）分析思路

本案例的分析思路为,以政府采购某单位项目投诉过程中相关环节的管理为切入点,重点分析投诉过程中获取证据的合法性时应注意的细节,以及投诉材料资质的法律要求和注意事项,使学生充分认识投诉与投诉管理的合法性和容易出现的问题。

（四）法律依据

(1)《政府采购法实施条例》

第五十七条　投诉人捏造事实、提供虚假材料或者以非法手段取得证明材料进行投诉的,财政部门应当予以驳回。

财政部门受理投诉后,投诉人书面申请撤回投诉的,财政部门应当终止投诉处理程序。

第七十三条　供应商捏造事实、提供虚假材料或者以非法手段取得证明材料进行投诉的,由财政部门列入不良行为记录名单,禁止其 1 至 3 年内参加政府采购活动。

(2)《政府采购供应商投诉处理办法》(财政部令第 20 号)

第十七条 财政部门经审查,对投诉事项分别作出以下处理决定:

(一)投诉人撤回投诉的,终止投诉处理;

(二)投诉缺乏事实依据的,驳回投诉;

(三)投诉事实经查证属实的,分别按照本办法有关规定处理。

### (五)关键要点

了解政府采购项目投诉管理的合法性和重要性,获取投诉证据的渠道或者方式必须符合法律要求,体现了程序正义和实体正义。

### (六)课堂计划建议

(1)总结我国政府采购投诉管理的重要条件。

(2)课堂讨论。

### (七)案例答案建议

(1)投诉单位对投诉方面的法律法规了解不够,没有按照投诉的相关要求进行投诉,在投诉过程中忽视了投诉的重要条件;

(2)投诉单位法律意识不强,以非法手段取得证明材料进行投诉,降低了政府采购效率,增加了监管成本,扰乱了政策的政府采购法律秩序,被现行相关法律所禁止。

案例来源:政府采购网指导性案例——案例二:××信息服务云平台采购项目投诉案
http://www.ccgp.gov.cn/aljd/201711/t20171120_9187830.htm

## 案例三 某省某医科大学旋转通风笼具采购项目投诉

### 一、案例正文

**【摘要】** 本案例以某医科大学采购项目投诉为例,从政府采购投诉管理角度,对政府采购单位投诉应注意的问题进行分析。投诉过程中应注意的投诉条件,是投诉单位应该严格遵守的。本案例分析可以为规范政府采购项目投诉过程提供参考。

**【关键词】** 超过质疑范围 投诉事项事先未经过质疑

(一)案例背景

**1. 投诉背景**

某省政府采购中心受某医科大学委托,就旋转通风笼具采购项目进行公开招标。2018 年 3 月 16 日开标后,因有效投标人不足三家而废标,并于当日发布公告,公告的内容为:"本项目因有效投标人不足三家而废标,招标人将择日重新招标。"

2018年4月9日,某科技公司向省政府采购中心提交质疑书,提出以下质疑:①要求公开评标委员会评委的工作单位;②本项目共有三家投标人。应当依法开标、评标并推荐中标候选人。省政府采购中心收到该质疑函后,于2018年4月12日做出书面答复。该答复函称:供应商对采购活动的质疑时间已超出法定的质疑期限,对该质疑事项不予受理。

**2. 投诉过程**

2018年4月16日,科技公司向省财政厅投诉称:①申请公开评委的工作单位;②招标文件内容不合法,要求放低招标文件的技术要求,删除其中的某五项重要技术指标;③本项目共有三家投标人,应当依法开标、评标并推荐中标候选人;④招标人废标后未归还科技公司的投标文件,要求省政府采购中心出示当时录像,解释扣留标书的原因,并退还科技公司的投标文件;⑤评标委员会未按照招标文件的规定进行评审,在评审过程中明显袒护另一供应商;⑥项目评审结束后,招标人未当场告知在现场等待评审结果的供应商废标原因,只称会在当日发布废标公告,招标程序违法。

2018年4月19日,省财政厅做出《投诉处理决定书》,就投诉事项做出处理决定:①投诉书中所列的第1、3项诉求不符合相关法律规定,且其提出质疑的时间已超过法定期限。依法驳回其诉求;②其余投诉事项事先未经过质疑,不符合法定程序,依法不予受理。

**(二)课堂讨论**

*某医科大学采购项目投诉中存在哪些问题?*

该项目投诉过程中主要存在以下两个方面的问题:

(1)质疑时间超过法定期限。2018年3月16日开标后,因有效投标人不足三家而废标,采购人于当日发布公告,而供应商某科技公司时隔24天,于4月9日向省政府采购中心提交质疑书。根据《政府采购法》第五十二条规定,供应商应当依法在采购人发布废标公告之日起七个工作日内提出质疑,实际质疑时间已超过法定期限,采购人或采购代理机构对该质疑事项依法可以不予处理。本案例省政府采购中心接收了科技公司的质疑书后,做出对质疑事项不予受理的决定,符合法律规定。

(2)投诉事项超出质疑事项范围。本案例中科技公司在向省政府采购中心的质疑书,仅就开标评标活动和废标公告内容提出质疑,质疑书未涉及其他内容,故按照财政部令第94号第二十条规定以及《政府采购法实施条例》第五十五条规定,省财政厅在做出的《投诉处理决定书》中,对科技公司在投诉书提出的超过该公司针对采购项目质疑范围的事项未进行处理并无不当。

## 二、案例使用说明

### （一）教学目的与用途

(1)本案例教学目的在于使学生了解政府采购投诉事项的重要条件、政府采购投诉事项范围的规范要求，以及政府采购投诉事项的注意事项和细节要求。

(2)本案例主要适用于政府采购课程中辅助投诉管理教学。

### （二）启发与思考

(1)投诉单位在投诉时违反的相关规定。

(2)投诉单位存在的法律方面的问题。

(3)财政部门在投诉处理中的管理权限。

### （三）分析思路

本案例的分析思路为，以政府采购项目投诉事项的管理为切入点，重点分析投诉过程中应注意的细节、质疑范围的法律要求和投诉事项的范围，使学生充分认识投诉管理的注意事项和容易出现的问题。

### （四）法律依据

(1)《政府采购法》

第五十二条　供应商认为采购文件、采购过程和中标、成交结果使自己的权益受到损害的，可以在知道或者应知其权益受到损害之日起七个工作日内，以书面形式向采购人提出质疑。

(2)《政府采购法实施条例》

第五十五条　供应商质疑、投诉应当有明确的请求和必要的证明材料。供应商投诉的事项不得超出已质疑事项的范围。

(3)《政府采购质疑和投诉办法》(财政部令第94号)

第二十条　供应商投诉的事项不得超出已质疑事项的范围，但基于质疑答复内容提出的投诉事项除外。

### （五）关键要点

了解政府采购投诉事项管理的重要性、投诉过程中需要注意的细节问题，以及相关人员在工作中容易出现的问题。

### （六）课堂计划建议

(1)总结我国政府采购投诉管理的重要条件。

(2)课堂讨论。

### (七)案例答案建议

(1)投诉人法律条例不熟悉,违反了《政府采购法》第五十二条规定、财政部令第94号第二十条规定以及《政府采购法实施条例》第五十五条规定。

(2)投诉人法律意识不强,其质疑、投诉应当在法定时限内提出,且投诉事项应不超出质疑事项范围。

(3)超出质疑范围的投诉事项,财政部门有权不予受理。

案例来源:白如银,孙逊.超期的投诉不予受理[J].招标采购管理,2018(3):68-69.

## 案例四 吉林省某基层医疗机构信息系统建设项目投诉

### 一、案例正文

【摘要】本案例以吉林省某基层医疗机构信息系统建设项目投诉为例,从政府采购投诉管理角度,对政府采购投诉中应注意的问题进行分析,注重投诉事项的事实依据和法律依据。本案例分析可以为规范政府采购投诉依据提供参考。

【关键词】事实依据 法律依据 驳回投诉

(一)案例背景

**1. 投诉背景**

吉林省财政厅于2017年11月27日收到投诉人关于《吉林省某省基层医疗机构信息系统建设项目软件及实施》的投诉书,依法对投诉事项进行了审查,现已审查终结。投诉人投诉事项:①吉林省政府采购中心对中标价是否低于项目成本价的判定依据或测算方法并未给出合理性解释。②评标过程中部分环节没有按着招标文件所规定的评审程序进行,对中标结果产生了实质性影响。③中标方除要具备一定的施工能力外,企业的整体实力也是项目能否顺利交付的主要保证。投诉人投诉请求:对本次投标重新组织评审。

**2. 投诉过程**

经吉林省财政厅依法调查,事实如下:

关于投诉事项①和投诉事项③,本项目评标委员会对合格供应商的投标报价进行了评审,同时要求供应商对自己的报价进行合理说明,并提供能够完全履行本项目的书面承诺,评标委员会审核确认各合格供应商的报价符合招标文件要求。

关于投诉事项②,一是本项目评标委员会按照招标文件要求进行了评审。二是按照招标文件规定,评标委员会对投标人的法定代表人及委托代理人身份进行了审查。三是根据招标文件要求,各投标供应商需对基层医疗卫生机构管理信息系统软件进行了现场讲解和演示,每家供应商进入评标会场人员最多为2人。本项目评标委员会要求各投标供应商1人进入评标会场进行讲解演示,各投标供应商在评标现场均按评标委员会的要求派1人进入会场进行讲解和演示,演示环节打分未对中标结果产生影响。

基于上述事实,投诉人的投诉事项没有事实依据和法律依据。

(二)课堂讨论

该投诉案例中存在的哪些问题?

该项目投诉过程中主要存在的问题:投诉人的投诉事项没有事实依据和法律依据。

关于投诉事项,经审查,其招标、投标、中标的相关程序都有相应合法的评审和相关人员的身份审查,所以投诉人的投诉事项没有事实依据和法律依据。根据《政府采购法实施条例》第五十五条规定,供应商质疑投诉应当有明确的请求和必要的证明材料。按照《政府采购质疑和投诉办法》(财政部令第94号)第十八条规定,投诉人的投诉事项没有事实依据和法律依据,故驳回投诉。

## 二、案例使用说明

(一)教学目的与用途

(1)本案例教学目的在于使学生了解政府采购投诉书的主要内容、政府采购投诉书的规范要求、政府采购投诉中注意事项,以及政府采购投诉书书写、证明的细节要求。

(2)本案例主要适用于政府采购课程中辅助投诉管理教学。

(二)启发与思考

(1)投诉单位在编制投诉文件时缺乏事实依据和法律依据。

(2)投诉单位存在的法律方面的问题。

(三)分析思路

本案例的分析思路为,以政府采购投诉过程中相关环节的管理为切入点,重点分析投诉中编制投诉书时应注意的细节、投诉事项的事实依据和法律依据,使学生充分认识投诉管理的重要性和投诉书的规范要求。

(四)法律依据

(1)《政府采购法》

第十三条 各级人民政府财政部门是负责政府采购监督管理的部门,依法履行对政府采购活动的监督管理职责。

各级人民政府其他有关部门依法履行与政府采购活动有关的监督管理职责。

第五十六条 政府采购监督管理部门应当在收到投诉后三十个工作日内,对投诉事项作出处理决定,并以书面形式通知投诉人和与投诉事项有关的当事人。

(2)《政府采购质疑和投诉办法》(财政部令第94号)

第十八条 投诉人投诉时,应当提交投诉书和必要的证明材料,并按照被投诉采购人、采购代理机构和与投诉事项有关的供应商数量提供投诉书的副本。投诉书应当包括下列内容:(1)投诉人和被投诉人的姓名或者名称、通信地址、邮编、联系人及联系电话;(2)质疑和质疑答复情况说明及相关证明材料;(3)具体、明确的投诉事项和与投诉事项相关的投诉请求;(4)事实依据;(5)法律依据;(6)提起投诉的日期。

(3)《政府采购法实施条例》

第五十五条 供应商质疑、投诉应当有明确的请求和必要的证明材料。供应商投诉的事项不得超出已质疑事项的范围。

(4)《政府采购供应商投诉处理办法》(财政部令第87号)

第十七条 财政部门经审查,对投诉事项分别作出以下处理决定:

(一)投诉人撤回投诉的,终止投诉处理;

(二)投诉缺乏事实依据的,驳回投诉;

(三)投诉事实经查证属实的,分别按照本办法有关规定处理。

第二十条 财政部门应当自受理投诉之日起30个工作日内,对投诉事项作出处理决定,并以书面形式通知投诉人、被投诉人及其他与投诉处理结果有利害关系的政府采购当事人。

(五)关键要点

了解政府采购工程投诉书的书写、投诉事项的事实依据和法律依据、需要注意的细节问题,以及相关人员在工作中容易出现的问题。

(六)课堂计划建议

(1)了解我国政府采购投诉过程中投诉书事实依据和法律依据的必要性。

(2)课堂讨论。

(七)案例答案建议

(1)投诉单位对投诉方面的法律法规了解不够,没有熟知相关投诉规定,在编制投诉文件时没有注重事实依据和法律依据。

(2)投诉单位法律意识不强,在投诉过程中提供不具备事实依据和法律依据的投诉事项。供应商对所参与项目的招标文件研读不仔细,可能会导致其对招标文件的理解不到位。在不理解招标文件的情况下,供应商的判断更容易受到自身经验和观念的影响,尽管该判断可能与招标文件中的规定相悖或招标文件中其实并无涉及该事项的明确规定。

政府采购网——吉林财政厅驳回一起政府采购投诉<br>http://www.ccgp.gov.cn/jdjc/jdcf/201801/t20180110_9459756.htm.

## 案例五　云南省气象台气象观测与信息一体化平台项目投诉

### 一、案例正文

**【摘要】**本案例以云南省气象台气象观测与信息一体化平台项目投诉为例,从政府采购投诉管理角度,对政府采购投诉应注意的问题进行分析。政府采购中投诉过程中的行为规范和复核程序,是投诉人和采购人应该严格遵守的。本案例分析可以为规范政府采购质疑投诉提供参考。

**【关键词】**质疑投诉　复核程序

（一）案例背景

**1. 投诉背景**

采购人云南省气象台委托代理机构 Z 公司就"云南省气象台气象观测与信息一体化平台项目"（以下称本项目）进行公开招标。2017 年 7 月 26 日,代理机构 Z 公司发布招标公告,并于 8 月 22 日组织开标、评标工作,共有 7 家供应商参与投标。8 月 30 日,代理机构 Z 公司发布中标公告,D 公司为中标供应商。8 月 31 日,T 公司提出质疑。9 月 1 日,代理机构 Z 公司答复质疑。

9 月 21 日,T 公司向财政部提起投诉,投诉事项为:①采购人云南省气象台未在法定期限内公布中标结果,违反了《招标投标法实施条例》第五十四条的规定。②Q 公司、S 公司、V 公司、W 公司报价非常接近,涉嫌恶意串通。

**2. 投诉过程**

财政部依法受理本案,并向相关当事人调取证据材料。

代理机构 Z 公司称:①评标委员会经综合评审,推荐 D 公司为第一中标候选人。采购人云南省气象台在复查确认中标结果时,发现 D 公司投标文件存在问题,给予 D 公司解释时间,因此 8 月 30 日才在网上公示结果。②代理机构 Z 公司接到 D 公司主动放弃中标的通知后,向采购人云南省气象台汇报情况,采购人云南省气象台在确认第二中标候选人 Q 公司满足招标要求的情况下,确定 Q 公司为中标供应商。

采购人云南省气象台称:①评标委员会推荐 D 公司为第一中标候选人。经与

D公司沟通,发现D公司投标文件中提供的《中国国家强制性产品认证证书》与官网查询结果不符,涉嫌提供虚假材料,要求D公司进行解释,导致延误确定中标供应商。采购人云南省气象台于9月10日收到代理机构Z公司关于D公司放弃中标资格的通知,在确认第二中标候选人Q公司满足招标要求的情况下,答复代理机构Z公司同意Q公司为中标供应商,并与Q公司签订政府采购合同,现准备进行项目验收。②本项目招标文件提供了总预算价,共有7家供应商投标,整体竞争较激烈。

经查,D公司、Q公司投标文件中提供的《中国国家强制性产品认证证书》与出具单位的存档证书不一致。

(二)课堂讨论

气象台气象观测与信息一体化平台项目投诉案例的主要问题有哪些?

该项目招标投标过程中主要存在的问题:采购人、采购代理机构发现了违法行为线索,没有及时报财政部门处理。

本项目采购人云南省气象台、代理机构Z公司未将第一中标候选人D公司涉嫌提供虚假材料谋取中标的情况报财政部,认定中标无效,自行确定第二中标候选人Q公司为中标供应商的行为,违反了《政府采购货物和服务招标投标管理办法》(财政部令第18号)第八十二条的规定。在没有质疑等法定事由的情况下,采购人不应自行启动复核程序;如发现违法行为线索,应报财政部门处理。供应商应当对响应内容的真实性、合法性承担相应责任。

鉴于本项目评审专家抽取不合法,其评审意见无效。财政部不再对举报人反映的价格评审问题进行审查。

根据《政府采购法》第三十六条第一款第(二)项的规定,责令采购人废标。

## 二、案例使用说明

(一)教学目的与用途

(1)本案例教学目的在于使学生了解政府采购投诉过程中的复核程序、政府采购投诉管理的规范要求,以及政府采购投诉中的注意事项。

(2)本案例主要适用于政府采购课程中辅助投诉管理教学。

(二)启发与思考

(1)采购人在复核程序上违反了有关规定的原因。

(2)投诉单位存在的法律方面的问题。

(三)分析思路

本案例的分析思路为,以政府采购投诉过程中相关环节的管理为切入点,重点分析投诉过程中的复核程序和政府采购投诉管理的规范要求,使学生充分认识投诉管理的法律要求和注意事项。

**(四)法律依据**

(1)《政府采购法》

第三十六条 在招标采购中,出现下列情形之一的,应予废标:(一)符合专业条件的供应商或者对招标文件作实质响应的供应商不足三家的;(二)出现影响采购公正的违法、违规行为的;(三)投标人的报价均超过了采购预算,采购人不能支付的;(四)因重大变故,采购任务取消的。废标后,采购人应当将废标理由通知所有投标人。

第四十三条 政府采购合同适用合同法。采购人和供应商之间的权利和义务,应当按照平等、自愿的原则以合同方式约定。

采购人可以委托采购代理机构代表其与供应商签订政府采购合同。由采购代理机构以采购人名义签订合同的,应当提交采购人的授权委托书,作为合同附件。

第七十七条 供应商有下列情形之一的,处以采购金额千分之五以上千分之十以下的罚款,列入不良行为记录名单,在一至三年内禁止参加政府采购活动,有违法所得的,并处没收违法所得,情节严重的,由工商行政管理机关吊销营业执照;构成犯罪的,依法追究刑事责任:

(一)提供虚假材料谋取中标、成交的;

(二)采取不正当手段诋毁、排挤其他供应商的;

(三)与采购人、其他供应商或者采购代理机构恶意串通的;

(四)向采购人、采购代理机构行贿或者提供其他不正当利益的;

(五)在招标采购过程中与采购人进行协商谈判的;

(六)拒绝有关部门监督检查或者提供虚假情况的。

供应商有前款第(一)至(五)项情形之一的,中标、成交无效。

(2)《政府采购货物和服务招标投标管理办法》(财政部令第18号)

第八十二条 有本办法规定的中标无效情形的,由同级或其上级财政部门认定中标无效。中标无效的,应当依照本办法规定从其他中标人或者中标候选人中重新确定,或者依照本办法重新进行招标。

(3)《招标投标法实施条例》

第五十四条 依法必须进行招标的项目,招标人应当自收到评标报告之日起3日内公示中标候选人,公示期不得少于3日。

投标人或者其他利害关系人对依法必须进行招标的项目的评标结果有异议的,应当在中标候选人公示期间提出。招标人应当自收到异议之日起3日内作出答复;作出答复前,应当暂停招标投标活动。

(4)《政府采购供应商投诉处理办法》(财政部令第20号)

第十七条　财政部门经审查,对投诉事项分别作出以下处理决定:

(一)投诉人撤回投诉的,终止投诉处理;

(二)投诉缺乏事实依据的,驳回投诉;

投诉事实经查证属实的,分别按照本办法有关规定处理。

第十九条　财政部门经审查,认定采购文件、采购过程影响或者可能影响中标、成交结果的,或者中标、成交结果的产生过程存在违法行为的,按下列情况分别处理:(一)政府采购合同尚未签订的,分别根据不同情况决定全部或者部分采购行为违法,责令重新开展采购活动;(二)政府采购合同已经签订但尚未履行的,决定撤销合同,责令重新开展采购活动;(三)政府采购合同已经履行的,决定采购活动违法,给采购人、投诉人造成损失的,由相关责任人承担赔偿责任。

第二十条　财政部门应当自受理投诉之日起30个工作日内,对投诉事项作出处理决定,并以书面形式通知投诉人、被投诉人及其他与投诉处理结果有利害关系的政府采购当事人。

(5)《政府采购法实施条例》

第四十三条　采购代理机构应当自评审结束之日起2个工作日内将评审报告送交采购人。采购人应当自收到评审报告之日起5个工作日内在评审报告推荐的中标或者成交候选人中按顺序确定中标或者成交供应商。

采购人或者采购代理机构应当自中标、成交供应商确定之日起2个工作日内,发出中标、成交通知书,并在省级以上人民政府财政部门指定的媒体上公告中标、成交结果,招标文件、竞争性谈判文件、询价通知书随中标、成交结果同时公告。

中标、成交结果公告内容应当包括采购人和采购代理机构的名称、地址、联系方式,项目名称和项目编号,中标或者成交供应商名称、地址和中标或者成交金额,主要中标或者成交标的的名称、规格型号、数量、单价、服务要求以及评审专家名单。

(五)关键要点

了解政府采购工程投诉管理的重要性、投诉中采购人和采购代理机构复核程序需要注意的细节问题,以及投诉人在投诉中容易忽视的问题。

(六)课堂计划建议

(1)总结我国政府采购的投诉程序。

(2)课堂讨论。

(七)案例答案建议

(1)采购人、采购代理机构发现了违法行为线索,应报财政部门处理。

(2)投诉单位的投诉事项没有事实依据。经审查,关于投诉事项①,代理机构Z公司于8月22日组织开标、评标,8月30日发布中标公告,未违反《政府采购法实施条例》第四十三条的规定。关于投诉事项②,经查阅相关供应商投标文件,未发现存在恶意串通的情形。

案例来源:中华人民共和国财政部政府采购信息公告(第五百一十三号)
https://www.caigou2003.com/jdgl/jgxdz/3504362.html.

# 案例六　某省某机关采购项目投诉

## 一、案例正文

【摘要】本案例以某省某机关采购项目投诉为例,从政府采购投诉处理角度,对政府采购工程投诉处理中应注意的问题进行分析。政府采购投诉处理往往涉及广泛的法律条例,依法做出投诉处理决定,既是对受理投诉部门的基本要求,也是相关部门应该严格遵守的。本案例分析可以为规范政府采购投诉处理提供参考。

【关键词】撤销投诉处理决定　投诉事项超出范围

(一)案例背景

### 1. 投诉背景

2016年1月,某机关委托采购代理机构,以公开招标方式采购一批货物。某科技公司参加了该项目投标。经评审,该项目符合专业条件的供应商不足3家,采购人员2016年2月18日依据《政府采购法》第三十六条做出废标决定,并于同年2月26日在政府采购网予以公告。科技公司对评审结果不满,向采购人提出质疑后,因对采购人的答复不满意,又向财政部门提起投诉。2016年3月21日,市财政局作出《关于对科技公司投诉的答复》,该答复告知了该项目的废标理由,并对项目评标委员会做出的废标决定予以肯定。

科技公司对该投诉答复不满,起诉请求法院撤销投诉答复及废标决定,更正中标供应商为科技公司,责令某机关赔偿投标、质疑、投诉、起诉等损失合计530220元,要求追究某机关、采购代理机构、市财政局和评标专家的行政、刑事及赔偿责任。

### 2. 投诉过程

经法院审理后认为:

(1)依据相关法律规定,财政部门应当自受理投诉之日起30个工作日内,对投诉事项作出处理决定,并以书面形式通知投诉人、被投诉人及其他与投诉处理结果有利害关系的政府采购当事人,还应当将投诉处理结果在省级以上财政部门指定的政府采购信息发布媒体上公告。本案市财政局于2016年3月21日就科技公司的投诉做出《关于对科技公司投诉的答复》,应视为对投诉做出的处理决定。但该答复未载明投诉人享有的行政复议申请权和诉讼权利,也未依法向被投诉人及其他供应商送达,也未依法在省级以上财政部门指定的政府采购信息发布媒体上公告,均属违反法定程序,该行政行为依法应予撤销。

(2)科技公司未就赔偿请求提供相关证据,赔偿请求应予驳回。

(3)关于科技公司提出撤销废标决定,更正其为中标供应商等其他请求,不属本案的审查范围,不予审查,科技公司可依法另行寻求救济途径。

(二)课堂讨论

某省某机关采购项目投诉需要注意什么事项?

该项目投诉过程中应注意以下事项:

一是投诉处理要遵守相关法律规定。该答复未载明投诉人享有的行政复议申请权和诉讼权利,未依法向被投诉人及其他供应商送达,未依法在省级以上财政部门指定的政府采购信息发布媒体上公告。按照《中华人民共和国行政诉讼法》第七十条规定,以上列举的程序均属违反法定程序,该行政行为依法应予撤销。

二是投诉事项要在审查范围内。按照《政府采购法实施条例》第五十五条规定,科技公司未就赔偿请求提供相关证据,赔偿请求应予驳回。关于科技公司提出撤销废标决定,更正其为中标供应商等其他请求,不属本案的审查范围,不予审查。

## 二、案例使用说明

(一)教学目的与用途

(1)本案例教学目的在于使学生了解政府采购投诉处理依法的重要性、政府采购投诉管理的规范要求,以及供应商投诉处理决定应当依法公告。

(2)本案例主要适用于政府采购课程中辅助投诉管理教学。

(二)启发与思考

(1)投诉单位在投诉时违反了有关规定的原因。

(2)投诉单位存在的法律方面的问题。

(3)相关工作人员在处理投诉时存在问题的原因。

(三)分析思路

本案例的分析思路为,以政府采购投诉过程中相关环节的管理为切入点,重点分析政府采购投诉处理依法的重要性和政府采购投诉管理的规范要求,使学生充分认识投诉管理依法的重要性和处理过程中容易出现的问题。

### (四) 法律依据

(1)《政府采购法》

第三十六条　在招标采购中,出现下列情形之一的,应予废标:

(一)符合专业条件的供应商或者对招标文件作实质响应的供应商不足三家的;

(二)出现影响采购公正的违法、违规行为的;

(三)投标人的报价均超过了采购预算,采购人不能支付的;

(四)因重大变故,采购任务取消的。

废标后,采购人应当将废标理由通知所有投标人。

第五十六条　政府采购监督管理部门应当在收到投诉后三十个工作日内,对投诉事项作出处理决定,并以书面形式通知投诉人和与投诉事项有关的当事人。

(2)《中华人民共和国行政诉讼法》

第七十条　行政行为有下列情形之一的,人民法院判决撤销或者部分撤销,并可以判决被告重新作出行政行为:(一)主要证据不足,(二)适用法律法规错误的,(三)违反法定程序的,(四)超越职权的,(五)滥用职权的,(六)明显不当的。

(3)《政府采购法实施条例》

第五十五条　供应商质疑、投诉应当有明确的请求和必要的证明材料。供应商投诉的事项不得超出已质疑事项的范围。

第五十八条　财政部门处理投诉事项,需要检验、检测、鉴定、专家评审以及需要投诉人补正材料的,所需时间不计算在投诉处理期限内。

财政部门对投诉事项作出的处理决定,应当在省级以上人民政府财政部门指定的媒体上公告。

### (五) 关键要点

了解政府采购投诉依法处理的重要性、投诉中需要注意的细节问题,以及相关人员在工作中容易出现的问题。

### (六) 课堂计划建议

(1)强调我国政府采购项目投诉依法处理的重要性。

(2)课堂讨论。

### (七) 案例答案建议

(1)投诉单位对投诉方面的法律法规了解不够,未能就投诉事项提供相关证据,在投诉时忽略了事实依据的重要性。

(2)投诉单位法律意识不强,在投诉过程中提出了超出范围的投诉请求。

(3)财政部门没有依法做出投诉处理决定,给投诉单位造成了一定的损失。

案例来源:白如银,孙逊.政府采购供应商投诉处理决定应当公告[J].招标与投标,2018,6(12):26-27.

# 案例七 深圳市某科技有限公司设备设施采购项目投诉

## 一、案例正文

**【摘要】**本案例以某科技公司设备设施采购项目投诉为例,从政府采购投诉管理角度,对政府采购投诉要求进行分析。政府采购中投诉时间不能超出合法期限,投诉过程中的行为规范是对政府采购投诉人的基本要求,也是投诉人应该严格遵守的。本案例分析可以为规范政府采购投诉规范提供参考。

**【关键词】**合法质疑　事实依据

（一）案例背景

**1. 投诉背景**

投诉人深圳市某科技有限公司参与了被投诉人(采购人、采购代理机构)组织的"A中学新建饭堂厨房设备设施采购(第二次)"项目的政府采购活动。因对被投诉人(采购人、采购代理机构)的答复不满意,投诉人于2020年8月11日向某机关提起投诉,并于2020年8月18日向某机关提交了补正材料。

**2. 投诉过程**

经审查,投诉符合规定,某机关于2020年8月18日予以受理。受理投诉后,某机关在法定期限内向被投诉人和其他与投诉事项有关的当事人发出投诉答复通知书及投诉书副本。现已办理终结。

投诉事项为:

(1)对质疑回复不满意,被投诉人(采购人、采购代理机构)并未正面回应为什么"GB/T 27922—2011商品售后服务评价体系认证证书认证范围"和"GB/T 31950诚信管理体系认证证书认证范围"与中标供应商的认证范围相一致。

(2)根据被投诉人2020年7月30日发布的结果公告,投诉人认为在商务部分中"2.企业认证和资质评审"中有12分未能给其算上分数。

(3)经在全国认证认可信息公共服务平台查询得知,"GB/T 27922—2011商品售后服务评价体系认证证书"认证范围包含商用电磁炉、商用电热食品加工设备、消毒设备、不锈钢设备、厨房配套用品的销售所涉及售后服务,"GB/T 31950诚信管理体系认证证书"认证范围包含商用电磁炉、商用电热食品加工设备、消毒设备、不锈钢制品的生产和服务;食品机械、环保油烟处理设备、制冷设备、厨房配套用品的销售所涉及的诚信管理活动,是根据中标供应商量身制定的产品类别,具有排他性和暗箱操作的嫌疑。

根据《政府采购质疑和投诉办法》(财政部令第94号)第二十九条的规定,因投诉人投诉事项(1)与投诉事项(3)未经合法质疑,投诉事项(2)缺乏事实依据,某机关决定驳回上述投诉。

(二)课堂讨论

深圳市某科技有限公司设备设施采购项目投诉案例中存在哪些问题?

一是质疑投诉时间超出法定期限。投诉事项(1)和(3)均针对同一情形,即投诉人认为招标文件中评审标准涉及的"GB/T 27922—2011 商品售后服务评价体系认证证书"认证范围和"GB/T 31950 诚信管理体系认证证书"认证范围因与中标供应商认证范围相一致,是为中标供应商量身制定的产品类别,具有排他性,且采购人及采购代理机构的质疑回复函中并未对该情形给予合理解释。经查,投诉人提交的质疑函中显示其获得采购文件的日期为 2020 年 7 月 3 日,而其针对招标文件的评审标准关于两项证书具有指向性提起质疑的日期为 2020 年 8 月 3 日。根据《政府采购质疑和投诉办法》(财政部令第 94 号)第十条的规定,投诉人对采购文件提出质疑的时间不在法定期限内,因此,上述投诉事项(1)与投诉事项(3)未经合法质疑,投诉不成立。

二是投诉事项缺乏事实依据。经查,本项目招标文件第四部分"评审标准与方法"第 4 点"商务部分"中评审因素的第 2 点"企业认证和资质"的评分标准要求:"2.投标人具有 GB/T 27922—2011 商品售后服务评价体系认证证书,认证范围包括但不限于商用电磁灶、商用电热食品加工设备、消毒设备、不锈钢制品的生产和服务;食品机械、环保油烟处理设备、制冷设备、厨房配套用品的销售所涉及的售后服务,满足上述认证范围其中 2 项(含),得 0.5 分;同时满足 6 项的,得 1 分;同时满足 8 项的,得 3 分,其他情况不得分。3.投标人具有 GB/T 31950 诚信管理体系认证证书,认证范围包括但不限于商用电磁灶、商用电热食品加工设备、消毒设备、不锈钢制品的生产和服务;食品机械、环保油烟处理设备、制冷设备、厨房配套用品的销售所涉及的诚信管理活动,满足上述认证范围其中 2 项(含),得 0.5 分;同时满足 6 项的,得 1 分;同时满足 8 项的,得 3 分,其他情况不得分。"招标文件中投诉事项所涉及的上述两项证书评审项合计满分为 6 分,不存在投诉人认为少算了 12 分的问题,且经原评标委员会就该投诉事项进行复核后一致认为,投诉人的商务得分不存在偏差。本项目评审过程中暂未发现评标委员会存在违法违规情形,因此不能因投诉人对招标文件的不同理解而否认评标委员会的评审结果。本投诉事项缺乏事实依据,投诉事项不成立。

## 二、案例使用说明

(一)教学目的与用途

(1)本案例教学目的在于使学生了解政府采购中投诉需要具备的条件,熟悉此类典型投诉案例,分析并总结投诉管理过程中应防范的现象和相关注意事项。

(2)本案例主要适用于政府采购课程中辅助投诉管理教学。

(二)启发与思考

(1)投诉单位在投标招标过程中所要注意的问题。

(2)投诉人存在的法律方面的问题。

(3)投诉人不符合投诉受理条件的原因。

(三)分析思路

本案例的分析思路为,以政府采购投诉过程中相关环节的管理为切入点,重点分析投诉案例缺少事实证据的情况下如何提出相应的处理方式,总结注意事项,使学生充分认识投诉的关键性、合法性和容易出现的问题。

(四)法律依据

《政府采购质疑和投诉办法》(财政部令第94号)

第十条 供应商认为采购文件、采购过程、中标或者成交结果使自己的权益受到损害的,可以在知道或者应知其权益受到损害之日起7个工作日内,以书面形式向采购人、采购代理机构提出质疑。

第二十九条 投诉处理过程中,有下列情形之一的,财政部门应当驳回投诉:(一)受理后发现投诉不符合法定受理条件的;(二)投诉事项缺乏事实依据,投诉事项不成立;(三)投诉人捏造事实或者提供虚假材料;(四)投诉人以非法手段取得证明材料。证据来源的合法性存在明显疑问,投诉人无法证明其取得方式合法的,视为以非法手段取得证明材料。

(五)关键要点

了解政府采购投诉的关键性、合法性和容易出现的问题,阐述投诉要求,为相关人员在工作处理投诉时注重如何防范和注意事项。

(六)课堂计划建议

(1)了解政府采购投诉的必备条件。

(2)课堂讨论。

(七)案例答案建议

(1)投诉单位对投诉方面的法律法规了解不够,没有熟知相关投诉规定,才会导致质疑投诉时间超过法定期限。

(2)投诉单位法律意识不强,在投诉过程中不遵循事实依据。

案例来源:佛山市南海区财政局政府采购投诉处理决定书
http://www.nanhai.gov.cn/fsnhczj/gkmlpt/content/4/4498/post_4498140.html.